King Arthur's Dagger

King Arthur's Dagger

Autorin: Kitty Jones
Muttersprachliches Korrektorat: Jean Lunny
Lektorat: Silke Gerlach
Satz: Noch & Noch
Covergestaltung: Marlies Müller
Coverillustrationen: Hauke Kock
Innenseiten-Illustration (Schuhabdruck): about.pixel.de

Printed in EU

ISBN 978-3-8331-0637-8

www.tandem-verlag.de

Ankunft in Wales

Ungeduldig trat Elen[1] von einem Fuß auf den anderen und stieß dabei immer wieder mit der Zehe gegen ihren harten Rollkoffer. „Ouch! Oh, dear! Why does he make me wait here? Typical Owen!" Immer wieder spähte sie den Bahnsteig entlang und hielt nach dem dunklen Haarschopf ihres Stiefbruders Ausschau. Daddy hatte sie kurz vor ihrem Abflug von Frankfurt nach Bristol angerufen. „I have to see my lawyer[2], so I can't pick you up from the station. Sorry, dear, but Owen will be there instead. You just stay on the platform[3], and don't move", hatte er am Telefon gesagt. Aber wie Elen schon von ihrem letzten Besuch vor zwei Jahren wusste, war auf Owen eben kein Verlass!

Die lange Reise war ziemlich anstrengend gewesen, und sie hatte sich während der langen Bahnfahrt von Bristol mit dem Gedanken an eine warme Mahlzeit bei Laune gehalten. Elen aß nun einmal für ihr Leben gern, das konnte man gut oder schlecht finden, es war nun einmal so. Und wenn Elen nichts zu essen hatte, dann bekam sie schlechte Laune.

Das Gleis am Bahnhof von Pembroke lag verlassen, der nächste Zug würde erst um 18 Uhr kommen, also um 6.00 p.m., wie es in Großbritannien hieß. Jetzt stand sie schon seit einer Viertelstunde hier, und immer noch keine Spur von Owen! Aber Elen ließ sich so leicht nicht unterkriegen. Sie setzte sich auf eine Bank, um zu überlegen.

Ganze zwei Jahre war es her, dass sie in den Ferien zu ihrem Vater und seiner neuen Familie nach Wales gereist war. Daddy

1 Dies ist die walisische Schreibweise des englischen Vornamens *Ellen*. **2** lawyer: Rechtsanwalt **3** platform: Bahnsteig

hatte sie in der Zwischenzeit dreimal in Frankfurt besucht, denn ihre Eltern hatten seit der Scheidung vor fünf Jahren ein freundschaftliches Verhältnis. Aber Owen und auch ihre Stiefmutter Beth hatte sie seitdem nicht mehr gesehen. Als Elen das letzte Mal hierher gereist war, war sie noch sehr viel jünger und kindlicher gewesen und eigentlich nur an den Schafen und Ponys interessiert. Owen dagegen hatte nur genervt. Jungs und Mädchen konnten eben doch nichts miteinander anfangen. Elen strich sich seufzend das störrische blonde Haar aus der Stirn. Bevor sie ihre Tasche zum hundertsten Mal auf der vergeblichen Suche nach etwas Essbarem öffnen konnte, hallten schnelle Schritte den Bahnsteig entlang, und Elen sprang auf.

„Owen!"

„Elen, it's so good to see you! I'm sorry I'm late. Have you been waiting long?" Owen war völlig außer Atem.

„Well, about 15 minutes. I thought you'd forgotten I was coming today!"

ÜBUNG 1

Verbinde jeweils zwei Wörter zu einem Paar, entweder, wenn sie einen Gegensatz bilden, oder wenn sie eine ähnliche Bedeutung haben. Schreibe die deutschen Übersetzungen darunter!

late – long – to remember – early – sister – bag – luggage – short – brother – to forget

____

____

„Of course not! How could I forget my impressive[4] stepsister[5]?" Owen lächelte, und Elen wurde rot. „Anyway, I kept you waiting because the bus was late. Come on, I'll take your bag. If we hurry up, we'll catch the bus at 5.30 p.m."

Widerwillig überließ Elen ihrem Stiefbruder den Rollkoffer und folgte ihm zum Ausgang. Wenn sie nicht bald etwas zu essen bekam, würde sie noch in die Luft gehen!

Moradan lag direkt an der zerklüfteten Felsküste von Pembrokeshire. Elens Vater stammte hierher, hatte das Dorf aber zum Studieren verlassen und war als Lehrer nach Deutschland gegangen. Nach der Scheidung von Elens Mutter war er wieder nach Wales zurückgekehrt. Seit einigen Jahren lebte er mit seiner neuen Frau Beth und deren Sohn Owen in Moradan Hall. Beth war Lehrerin wie David, hatte aber schon in jungen Jahren von ihrem Patenonkel James ap Gwyn, dem größten Grundbesitzer in Moradan, das alte Herrenhaus geerbt.

Gemächlich tuckerte der Bus über die Hauptstraße, vorbei an verwitterten Cottages aus Stein und niedrigen Hecken mit leuchtend blühenden Fuchsien. Die Sonne stand schon tief und überzog die flachen Hügel hinter den Häusern mit einem sanften rosa Schimmer. Als der Bus schließlich auf die Landstraße abbog, quiekte Elen und sprang auf: „There it is! I can see it! The sea and the cliffs! Oh, it's beautiful!" Owen schielte peinlich berührt zu den wenigen Einheimischen herüber, die mit ihnen im Bus saßen. „Keep it down a little[6], please, Elen! Everybody's watching you. This is embarrassing[7]!". Die Leute amüsierten sich offenbar köstlich über seine Stiefschwester. Widerwillig setzte Elen sich.

„This is such a nice place. I'd almost forgotten how lovely it is!", seufzte sie.

4 impressive: beeindruckend **5** stepsister: Stiefschwester **6** keep it down a little!: Sprich (etwas) leiser! **7** embarrassing: peinlich

„Well, it is. Especially at this time of the year", pflichtete Owen zögernd bei. „Sometimes, when it has been raining for days, I start to hate it. But if it didn't rain that much, the landscape wouldn't be that lovely."

„Sure", sagte Elen, aber sie hörte Owen kaum zu. Gebannt starrte sie aus dem Busfenster auf das Meer, das sich zu ihrer Linken bis zum Horizont erstreckte. Im Westen neigte sich die Sonne langsam dem Horizont entgegen. Die Wellen schlugen heute vergleichsweise sanft an die Felsen, die steil zum Wasser hin abfielen.

ÜBUNG 2

Hier findest du einige Fragen zu den bisherigen Ereignissen. Beantworte sie wie im Beispiel mit Yes/No und dem Hilfsverb.

Did Elen wait for Owen at the train station?
Yes, she did.

Does Elen like the Welsh coast?
Yes, she did.

Did Owen come by bike?
No, he didn't.

Is Owen Elen's cousin?
No, he isn't.

Was Elen hungry when Owen came to the station?
Yes, she was.

Will Owen and Elen have to stay in Pembroke for the night?
No, they didn't.

„Next stop Moradan Hall", rief der Busfahrer, und Owen drückte auf die Haltetaste. „Come on, Elen, gather[8] your stuff – we have to get off[9] soon."
Das Dorf Moradan lag direkt an der Küste und besaß einen kleinen Fischerhafen. Moradan Hall dagegen befand sich etwa zwei Kilometer entfernt im Hinterland auf einem lang gestreckten Hügel, umgeben von weitläufigen, üppigen Wiesen, auf denen, wie fast überall in Wales, friedlich die Schafe grasten. Beth und David hatten schon vor einiger Zeit ihre Weiden dem benachbarten Bauern zur Nutzung überlassen; so brauchten sie die Wiese nicht zu mähen und erhielten im Gegenzug regelmäßig Schaffleisch und Käse.

Als Beth das Anwesen ihres Patenonkels übernommen hatte, hatte sie sich verpflichten müssen, das im Seitenflügel des viktorianischen Gebäudes untergebrachte Heimatmuseum weiterzuführen. Zu sehen waren alte römische Münzen und Alltagsgegenstände sowie kleinere Ton- und Metallwaren aus dem Mittelalter.

An der Pforte blieb Elen stehen und nahm den Anblick in sich auf. Vor ihr erstreckte sich eine breite, von Büschen und Bäumen gesäumte Auffahrt, die auf das Herrenhaus zuführte. Moradan Hall war ein alter, verwitterter Bau aus grauem Stein mit einem mehrstöckigen Haupthaus und einem niedrigeren Anbau. Die Fassade war mit Efeu und Kletterrosen bewachsen, die langsam zu blühen anfingen. Langsam gingen sie die Auffahrt hinauf, und aus dem Anbau des Hauses trat ein weißhaariger, alter Mann.

„Hell's bells[10], I can't believe it! Who's that young lady over there?"

Elen strahlte. „John! How are you?" John führte seit Jahren das Museum, und Elen hatte ihn bei ihrem letzten Besuch vor

8 to gather: zusammensuchen, sammeln **9** to get off: aussteigen **10** hell's bells!: Teufel nochmal!

zwei Jahren in ihr Herz geschlossen. Langsam kam der alte Mann auf sie zu. Er ging schon ein wenig gebeugt, und sein schlohweißes Haar fiel ihm in einer dicken Tolle in die Stirn. Auch sein Vollbart war weiß. „I'm very fine and happy to see you, my dear!" Er umarmte Elen herzlich, dann ließ er sie los und zwinkerte freundlich mit den hellblauen Augen. „I hope you enjoyed your trip. By the way, I've prepared a delicious dinner. I assume[11] you haven't eaten yet?"

Elen musste lachen. John erriet einfach immer ihre Gedanken!

„That's right, John, I'm starving. But I have to see Daddy and Beth first."

„No need to hurry, dear, David and Beth are at the lawyer's[12], and they asked me to cook dinner for you, and Owen, of course."

ÜBUNG 3

Unterstreiche alle Adjektive in dem vorhergehenden Gespräch! Decke dann die Seite ab und versuche, alle unterstrichenen Adjektive in der Liste wiederzufinden.

young fine lucky great happy dull short delicious late right

„Mm, yummy!" Elen und Owen mampften begeistert. „Thanks, John, this lamb stew is really fantastic", brachte Owen zwischen zwei Löffeln hervor.

John nickte zufrieden und tat den beiden eine weitere Kelle auf. Sie saßen zu dritt an dem kleinen Holztisch inmitten der Küche. John bewohnte ein kleines Steinhäuschen, das direkt neben dem Museum lag und vermutlich früher einmal als

11 to assume: annehmen, vermuten **12** lawyer: Anwalt; at the lawyer's: beim Anwalt

Bäckerei gedient hatte, bevor jüngere Generationen es zum Wohnen nutzten. Der winzige Bau besaß nur einen einzigen Raum im Erdgeschoss, der als Küche und Wohnzimmer diente. Von dort aus führte eine steile, schmale Treppe hinauf zum Schlaf- und zum Badezimmer.

„Owen, have you already broken the news[13] to Elen?"

„He hasn't!", rief Elen und blitzte Owen wütend an, bevor dieser antworten konnte. „What news?"

„You know", Owen schluckte den letzten Bissen Stew hinunter und grinste. „John has got a girlfriend! Well, she's not exactly a *girl.*"

„You're right, Owen, and thank heavens she isn't. She's a very well-educated and sophisticated[14] lady in her prime[15]."

Elen schluckte, dann sagte sie: „Wow, John. Congratulations!" Johns Ehefrau Rhona war vor fünf Jahren gestorben, und er hatte lange gebraucht, um über den Verlust hinwegzukommen.

„Thanks, dear. Her name is Rose, and she's living up to her name[16]", sagte John mit verklärter Miene. Owen unterdrückte offenbar mühsam einen Lachanfall, aber John schien es nicht zu bemerken. „Anyway, you'll meet her very soon. Anyone for dessert?"

„Thank you, John, but I think I heard Daddy's car outside!"

Nach einer stürmischen Begrüßung saß Elen nun mit ihrem Vater und Beth im Wohnzimmer im Erdgeschoss des Herrenhauses. Elen hatte die Füße auf einen Hocker gelegt und sich in eine Decke gekuschelt. Es war zwar Juni, aber an das feuchte walisische Klima musste sie sich immer erst gewöhnen, und das Herrenhaus war zugig. Nos, der Labrador, hatte seine Schnauze auf ihr Bein gebettet und blickte bewundernd zu ihr auf. „Nos"

13 to break news to s.o.: jemandem Neuigkeiten eröffnen **14** sophisticated: elegant, gebildet, „fein" **15** in s.o.'s prime: in den besten Jahren **16** to live up to one's name: seinem Namen alle Ehre machen

ÜBUNG 4

Unten sind einige Sätze aufgelistet und verschiedene Erwiderungen. Trage die richtige Antwort für jeden Satz ein.

„I got married yesterday."

____

„Here's the magazine you asked for. I bought it in town."

Thank you verry much!

„Yesterday we were almost melting in the heat. Today the weather is much nicer."

____

„I wrote a bad exam last week."

____

„Here, try the stew I cooked this morning."

____

„Oh, dear! I'm sorry to hear that."
„Mm, yummy!"
„Thanks, dear."
„Did you? Congratulations!"
„Yes, and thank God for that!"

war Walisisch und bedeutete „Nacht", denn der Hund hatte pechschwarzes Fell. Elen kraulte den seidigen Hundekopf, und Beth lächelte ihr zu.

„He adores[17] you", sagte sie zu Elen. „If he was able to talk, I'm sure he'd ask you out[18]." Elen grinste ihre Stiefmutter an. Beth sah sehr walisisch aus, fand sie, mit ihrem dunklen Haar und den

17 to adore s.o.: jemanden anbeten **18** to ask s.o. out: Um ein Date bitten

warmen braunen Augen. David dagegen, der neben Beth saß, hatte blondes Haar und blaue Augen, genau wie Elen.

„Well, I guess they're both a bit too young for that", erwiderte er.

„Daddy! I'm twelve!", protestierte Elen.

„Well, so is he. Nos is 22 months old. That means he'd be 12 years old if he was human. And that's definitely too young for courting[19]!"

„Okay, Dave, relax. The only person courting in Moradan Hall is our beloved John."

„What about John?", ertönte eine Stimme von der Tür her, und Owens dunkler Wuschelkopf erschien.

„We were just talking about his new … em … what was her name?", fragte Elen.

„Her name is Rose", antwortete Beth und winkte Owen herein. Dieser ließ sich neben Elen auf das Sofa fallen.

„Gosh, I'm knackered[20]. It's been a long and busy day. How about your plans for tomorrow, Elen, would you like to go to the beach?"

„That sounds great", sagte Elen und schaute Owen zögernd von der Seite an. „But you don't have to take care of me if you don't want to."

„No, that's fine. I'll be back from school in the afternoon, and then we can cycle down. At this time of the year there are lots of seabirds, and sometimes you can even spot[21] whales or seals. I got new binoculars for Christmas, so it's really fun to watch."

„By the way[22], Elen, I arranged the shelter[23] for you – I thought you'd like that", sagte David.

„Oh Dad, that's wonderful! Thank you!"

„The shelter?" Owen sah verwirrt aus.

„The guest room on the upper floor. The one with the seaview."

19 to court: um jmdn. werben **20** knackered: fix und fertig **21** to spot: entdecken, sichten
22 by the way: übrigens **23** shelter: Zuflucht

„I know that room." Owen verdrehte die Augen. „I've been living here for 16 years. But I've never heard that name."

„Well", David lächelte verschmitzt und zwinkerte Owen zu, „that might be because you're responsible for that name."

„Me?"

„When Elen visited us last time, she said the only place she could escape from you was her room. So she said it was like a shelter from a pride[24] of lions."

Owen und Elen wurden gleichzeitig puterrot. „Thanks, David, for reminding me of the hard time Elen gave me[25]", entgegnete Owen bissig.

„It takes two to tango[25a], doesn't it", schnappte Elen zurück. Jetzt ging das schon wieder los!

„Come on, kids, calm down. We're all tired, aren't we?" David seufzte und fuhr sich durchs Haar. „Maybe it's time for bed."

ÜBUNG 5

Setze die Hilfsverben in die richtige Zeit.

Nos _______ (be not) human, so he _______ (can not) talk.
When Elen _______ (be) in Wales two years ago, she _______ (do not) get along with Owen very well.
She _______ (can not) stand him then.
Tomorrow afternoon, Owen _______ (be) return from school.
David and Beth _______ (can not) come to the train station this afternoon.
Owen _______ (have not) seen Elen for a while.

24 pride: hier: Rudel **25** to give s.o. a hard time: jemandem das Leben schwer machen
25a it takes two to tango: dazu gehören zwei

Der legendäre Dolch

Als Elen aufwachte, wälzte sie sich noch eine Weile im Bett. Es war noch recht früh und sie hätte gern noch einige Stunden geschlafen, aber die gestrigen Neuigkeiten über Johns neue Freundin gingen ihr im Kopf herum. Sie hatte sich sehr darauf gefreut, wieder so viel Zeit mit ihm zu verbringen wie bei ihrem letzten Besuch. Damals war er ein allzeit bereiter Spielgefährte und Reiseleiter gewesen. Nicht, dass ihr jetzt noch nach Spielen zumute gewesen wäre, aber John war nun sicher immer mit Rose beschäftigt. Daddy und Beth mussten meistens arbeiten, und Owen – na ja, Owen war eben Owen. Mit wem sollte sie denn jetzt ihre Zeit verbringen? Trotzdem, sie hatte John gern und sollte sich für ihn freuen. Zunächst musste sie Rose kennen lernen, und sie würde sie nett finden. Ja, ganz bestimmt. Seufzend stand Elen auf.

Mehrere kleine Fenster waren in Kopfhöhe in das dicke Mauerwerk eingelassen, und vom einen Fenster aus hatte man einen fantastischen Blick auf das Meer und die schroffen Klippen der Küste von Pembrokeshire. Wenn sie sich auf die Zehenspitzen stellte, konnte sie sogar einen Blick auf den kleinen Hafen von Moradan unten im Tal erhaschen.

Sie öffnete das Fenster und sog tief die klare, frische Luft ein, die vom Meer herüberwehte. Sie brachte einen Hauch von Seetang mit, und Elen glaubte, sogar schwach die Brandung donnern zu hören.

Von dem nächsten Fenster aus konnte sie die Auffahrt zum Herrenhaus überblicken, und als sie hinunter zu dem Anbau schaute, in dem das Museum untergebracht war, sah sie ihren Vater und John vor dem Eingang stehen. Als sie schon die Hand gehoben hatte, um zu winken und zu rufen, hielt sie inne, denn irgendetwas stimmte nicht. Mit gesenkten Köpfen standen die beiden Männer eng beieinander und schienen sich aufgeregt über etwas zu besprechen. Elen runzelte die Stirn. Was war da wohl los?

Aber vielleicht hatte sie sich auch getäuscht, denn schon wenige Sekunden später verabschiedete sich ihr Vater lächelnd und stieg in seinen Wagen. John verschwand im Museum.

Wenn hier etwas faul war, dann würde sie es sicher herausfinden. Notfalls eben ohne Frühstück.

Auf dem Weg hinaus schnappte sich Elen eine Banane von der Obstschale auf der Kommode im Hausflur. Sie wollte gerade den Weg zum Museum einschlagen, als ein schwarzer Geländewagen in der Auffahrt parkte. Ein Mann in Wanderkluft und mit Baseballkappe stieg aus und kam auf sie zu.

„Good morning, young lady." Er sprach mit amerikanischem Akzent. „My name is Martin McAndrews. Pleased to meet you." Seine leuchtend blauen Augen glitzerten amüsiert, als Elen verwirrt seine ausgestreckte Hand ergriff und sie schüttelte. „I'm wondering if you could help me", sagte er.

Elen zögerte. „Well, I can try."

„I'm a tourist from Boston, and I'm very interested in Welsh[26] history and tradition. I've read in a travel guide that in this museum there's a famous dagger on display[27]. I'd love to see it."

„A dagger?" Elen überlegte kurz. Sie kannte das Museum recht gut, und einen Dolch hatte sie dort noch nie gesehen. „I've never heard of any dagger. Are you sure it's supposed to be displayed in this museum?"

26 Welsh: walisisch, Waliser/in **27** on display: ausgestellt, zu sehen

„Yes, absolutely." Der Tourist wühlte in seiner Tasche. „What a pity. I've left the guide at home."

Vom Museum erklang Johns Stimme herüber: „Can I help you, Elen?"

„Yes, please", rief Elen zurück, und als John näherhumpelte, sagte sie: „Mr. … ah …"

„McAndrews, Martin McAndrews", sagte der Tourist und lächelte John strahlend an. „I came here for the dagger."

Und zu Elens größter Überraschung rief John: „Yes, yes, sure. Follow me, please." John machte kehrt, und Martin McAndrews folgte ihm. Sekunden später verschwanden die beiden im Museum.

„Thanks, John", grummelte Elen. „I love getting all the information first." Missmutig biss sie in ihre Banane und schlug erst einmal den Weg zum Garten ein. Dann mussten die Ermittlungen eben warten, bis der Typ wieder verschwand.

ÜBUNG 6

Setze die Verben in das Past Tense und schreibe die Übersetzung dahinter!

to help helped ____________________

to follow followed ____________________

to thank thanked ____________________

to come came ____________________

to love loved ____________________

to read readed ____________________

to ask asked ____________________

Der Garten war weitläufig und fiel zum Ende hin steil ab. Von der Terrasse aus hatte man einen fantastischen Blick über die verwilderten Büsche und großen alten Obstbäume. Elen setzte sich in den Schaukelstuhl und genoss die milde Morgensonne.

„There you are!"

Elen schreckte auf. Sie musste eingenickt sein. Nun stand John lächelnd vor ihr. „Did you sleep well?"

Elen schirmte ihr Gesicht gegen die Sonne ab und blinzelte. „Well, I think so. What's the time?"

„It's a quarter past ten."

„Oh gosh, and I haven't eaten yet! Would you like to join me for breakfast?"

„Well, I got up hours ago and I've eaten. But I'll keep you company[28] if you like."

Obwohl ihr leerer Magen Elen in die Küche trieb, musste sie sich gedulden, denn John war ja nicht mehr gut zu Fuß. Langsam erklommen sie die Stufen in den ersten Stock, in dem die Küche und Owens sowie Davids und Beths Zimmer lagen.

„Here we are!", sagte Elen munterer, als sie sich fühlte, denn die Küche war ihr nach zwei Jahren Abwesenheit ein wenig fremd. „You just sit down and I'll prepare my breakfast, while you fill me in on the news[29] about this dagger thing." Sie warf John einen gespielt strengen Blick zu. Dann erinnerte sie sich an ihren Vorsatz. „No, wait! First you tell me about Rose. When are you going to introduce me to her?"

„Tonight. She's been visiting her relatives in the States. She's of Welsh origin[30] and she actually speaks some Welsh, but she was born and raised[31] in Boston. She'll arrive in the afternoon."

28 to keep s.o. company: jmd. Gesellschaft leisten **29** to fill s.o. in on the news: jmd. das Neueste berichten **30** of Welsh origin: walisischer Herkunft **31** raised: aufgewachsen

„Will she stay with you here?" Elen hantierte ein wenig hilflos mit dem Wasserkocher und dem Grill herum, unter den sie ihre Toastscheiben gelegt hatte. Aber John bemerkte es glücklicherweise und kam ihr zur Hilfe. Geschickt wendete er den Toast mit der Grillzange und steckte den Wasserkocher ein. Das hatte Elen nämlich vergessen. Schließlich setzten sie sich mit Toast für Elen und Tee für beide wieder an den Küchentisch.

„Ok, where was I? Ah, yes. Rose will stay with us for the summer. She's very interested in Welsh history. I met her at a conference in Aberystwyth[32] in winter. She offered to help me out with the museum, and since in June and July there'll be more tourists, it's good to have support."

„Mmmh." Elen stopfte gerade ihren zweiten Marmeladentoast in sich hinein und konnte nur grunzen.

„And the museum has become even more attractive now. I'm sorry I didn't tell you about the dagger last night, but I just forgot." Elen nickte und lächelte ihm zu. Ihre Laune hatte sich mit den ersten Toastbissen schon merklich gehoben. John fuhr fort: „Last year archaeologists found a dagger in a field which belongs to Beth's land. And you know what? It turned out to be exactly the dagger that was mentioned in old town chronicles as King Arthur's Dagger and which was considered missing[33] for the last 150 years!"

„What?" Elen verschluckte sich vor Aufregung und musste husten. „That's unbelievable! Beth really owns a dagger which belonged to King Arthur?"

„Keep your hair on[34], Elen! You know that King Arthur is only legendary. He probably was nothing more than a commander fighting battles against the Saxons[35] in the 5th century."

„But you never know!", rief Elen. „Maybe this dagger proves that King Arthur really existed!"

32 Aberystwyth: Universitätsstadt in Wales **33** to be considered missing: als verloren gelten **34** keep your hair on!: Bleib auf dem Teppich! **35** the Saxons: die Sachsen (alter germanischer Volksstamm, Vorfahren der Engländer)

„Sorry to disappoint you, young lady, but this dagger has been identified as being of late medieval[36] origin, between 1350 and 1450. And that is definitely too late for King Arthur."

„Oh, no", maulte Elen. „So this is no REAL attraction."

„Well, no", gab John zu. „It's not even worth anything. Many museums exhibit similar[37] daggers from the same period. But still it gives us the opportunity to promote the museum. And as you could already see this morning, the tourists are really crazy about it."

„You're right, John. And even if it's not worth anything: I want to see it, too. Could you give me a guided tour?"

„Sure, love. Today I'm expecting two tourist groups, so I have lots to do. Maybe you can come down after closing time and I'll show you everything."

ÜBUNG 7

Bringe die Wörter wieder in die richtige Reihenfolge. Schreibe den jeweiligen Satz auf.

worth not anything it's even.

____

that it's only know legendary you.

____

tour could a you me give guided?

____

yet eaten I haven't.

____

breakfast down my sit I prepare you while.

____

36 medieval: mittelalterlich **37** similar: ähnlich

Die Erbschleicher

„Wow, it's fantastic!" Elen musste schreien, damit Owen sie hören konnte, so laut toste die Brandung gegen die zerklüfteten Felsen. Möwen taumelten dicht über den Wellen und stießen immer wieder auf der Suche nach Nahrung auf das Wasser hinab. Die Luft war von Gischt erfüllt. Es war überwältigend.

„Elen, lick your lips!"

Elen versuchte es. „Gosh, they are salty! And we've only been here for a couple of minutes!"

„Yes, today the breeze is very strong. Look, there's a sheltered[38] corner! We can sit down there and watch the birds."

Sie kletterten über die Felsen zu einem kleinen, natürlichen Vorsprung, auf dem sie bequem nebeneinander sitzen konnten und der zumindest auf einer Seite windgeschützt war.

„Once you've escaped the strong breeze, you feel how warm it is." Elen schälte sich schnell aus ihrer Regenjacke. „I'm glad I left my sweater at home."

Owen schien die plötzliche Wärme nichts auszumachen. Er kramte in seinem Rucksack und holte schließlich seinen Feldstecher hervor. „Do you want to try it?"

Elen nahm das kleine Fernglas und hielt es sich vor die Augen. „It's great. I can even see the seagulls'[39] eyes and their feathers! But it's hard to keep your arms still."

„That's just a matter of practice. If you like, you can rest your arms on your knees."

38 sheltered: windgeschützt **39** seagull, -s: Möwe/n

„Wait! What's that? Owen, I think I see a dolphin! No, actually two dolphins!"

„Let me see." Elen gab Owen das Fernglas. „You're right, Elen. I've seen many dolphins lately. I've spent my whole childhood in Pembrokeshire, but I've never seen as many dolphins as this year." Er ließ das Fernglas sinken. „I wonder what next year will bring."

Den letzten Satz hatte er so leise gesagt, dass Elen ihn im Lärm der Brandung fast überhört hätte.

„What do you mean by that?"

„Hasn't David told you? About the Smiths from Swansea?"

„What do you mean?"

„Ok, so he hasn't." Owen verzog das Gesicht, und ein harter Ausdruck trat in seine Augen. „They want to have the manor house[40]. They say it belongs to them."

Elen war entsetzt. „But they can't do that! It belongs to you and Beth! And she inherited[41] it legally from James ap Gwyn!"

„Yes, YOU know that and I do and Mum and David; but still – they claim[42] they are distantly related to James ap Gwyn, and they want to take legal action[43] to regain Moradan Hall. They say they have evidence[44] that James was forced to write his will[45]."

„Oh, dear." Plötzlich ging Elen ein Licht auf. „Is that why Daddy and Beth went to see the lawyer yesterday?"

Owen nickte. „We're all very worried." Er fingerte nervös an seinem Feldstecher herum.

„But how come you never knew that James ap Gwyn had relatives in Swansea? I thought he didn't have any family and that's why Beth inherited the house!"

„Obviously it's not evident yet that they're related. They've got a lawyer and they claim he can prove[46] it. "

40 manor house: Herrenhaus **41** to inherit: erben **42** to claim: behaupten **43** to take legal action: vor Gericht klagen **44** evidence: Beweis/e **45** will: Testament **46** to prove: beweisen

ÜBUNG 8

Streiche die Wörter durch, die nichts mit dem Strand zu tun haben!

bird
dolphin
sugar
beach
lake
breeze
seagull
snow
whale
sea

Schweigend radelten Owen und Elen heim. Der Weg führte recht steil hinauf, zuerst nach Moradan, an den vielen kleinen Läden und Vorgärten vorbei, bis die Straße die Ortschaft verließ und sich durch das üppige grüne Hügelland schlängelte. Nach einer langen Biegung gab der Weg den Blick auf Moradan Hall frei.

Als sie die Auffahrt erreichten, entdeckten sie einen großen Reisebus. Eine Reisegruppe war also noch im Museum. Vom Herrenhaus her kam David ihnen mit Nos an seiner Seite entgegen. „Hey Elen, I've been looking for you. I'd like to talk to you, would you mind[47]?" Er sah erschöpft aus, und Elen stürzte auf ihn zu und umarmte ihn.

47 would you mind? Macht es dir etwas aus?

„Owen has already told me about this terrible family from Swansea who wants to have the manor house. It's so awful! Why didn't you tell me last night?"

„I didn't want to spoil[48] your first evening, Elen. And actually, sometimes I get so tired of talking about it and thinking it over and over ..." Er schüttelte den Kopf. „Thanks, Owen, for filling Elen in. I'm sorry, but I can't stay, I have a conference at school. If you like, we can have dinner together around eight? Beth's making pork pie. At least that's what I've heard." Er lächelte schwach.

„Can I ask John to come around, too? He's going to show me the exhibition after six."

„Of course you can bring John. See you around eight, then."

ÜBUNG 9

Trage die englischen Vokabeln an der richtigen Stelle ein. Wenn du alles ausgefüllt hast, ergibt sich ein Lösungswort.

1) *nach*
2) *Nahrung*
3) *Abend*
4) *Abendessen*
5) *Dolch*
6) *Vogel*

Nachdem Owen sich verabschiedet hatte, spazierte Elen langsam zum Museum hinüber. Der Anbau, in dem die Ausstel-

48 to spoil: verderben

lung untergebracht war, war nur zweistöckig, und die Außenmauer war über und über mit Kletterrosen bewachsen. Soeben drängte eine große Menschentraube durch die niedrige Tür. Offenbar war die Führung zu Ende.

Während die Gruppe zum Reisebus strömte, schlüpfte Elen durch die Tür und stand im düsteren Vorraum des Museums, in dem sich die Kasse, der Eingang zum Museum und ein kleiner Korridor mit den Toiletten befanden.

Das Kassenhäuschen war leer, und sie betrat zögernd den ersten Ausstellungsraum. Im Gegensatz zum schlichten Äußeren des Anbaus war das Innere des Museums recht prunkvoll eingerichtet. Die Wände waren mit dunklem Holz vertäfelt, was dem Raum ein düsteres und ehrwürdiges Aussehen verlieh. Jedes verfügbare Stück Wand in dem kleinen Raum war mit alten Gemälden, eingerahmten alten Karten, Urkunden und sonstigen Schriftstücken vollgehängt, sogar die wenigen Zentimeter Platz zwischen den Fensternischen ihr gegenüber. Eine dunkle Holztreppe führte in den ersten Stock. Die Raummitte wurde von mehreren Glasvitrinen ausgefüllt, in denen kleinere Keramik- und Schmuckfunde ausgestellt waren. Rechts von Elen stand, etwas abseits gehalten, eine neue, schmale Vitrine. Gespannt trat sie näher.

„I see you've already spotted the object of desire[49]", hörte sie John hinter sich schmunzeln.

„It's so beautiful", staunte Elen. „It looks like it's worth a million pounds at least!"

Der silberne Dolch lag auf einem Tuch aus dunkelblauem Samt. Seine Klinge sah schon etwas schartig aus, aber das Heft war hübsch poliert worden und glänzte im Licht des kleinen Scheinwerfers über der Vitrine. Das Heft bestand aus einem

49 object of desire: Objekt der Begierde

Griff, der wie mit Silberdraht umwickelt aussah, und zwei Knäufen mit feinen keltischen Ornamenten.

John lachte leise über Elen Begeisterung. „Unfortunately, it's of little value[50], around 500 pounds. That's what a professor from Cardiff University estimated[51]. Anyway, people love that dagger. Many tourists who come to Wales like the romantic idea that King Arthur really existed. So they sleep in hotels called „Camelot", eat in restaurants called „Round Table" and visit places where King Arthur allegedly[52] was buried – and they don't mind that there are hundreds of these places all over Wales."

Elen kicherte. „Sometimes people are so silly."

ÜBUNG 10

Unterstreiche diejenigen Wörter, die etwas Schlechtes ausdrücken, und setze die Bedeutung jedes Wortes auf Deutsch dahinter!

unfortunately ______________________
silly ______________________
glad ______________________
love ______________________
hate ______________________
stupid ______________________
bored ______________________
beautiful ______________________
worthless ______________________
happy ______________________

50 value: Wert **51** to estimate: schätzen **52** allegedly: angeblich

John nickte. „You're right Elen. But we should be glad about it. If it wasn't for tourism[53] even more Welsh people would be unemployed[54]."

Elen hatte gar nicht gehört, dass draußen ein Wagen vorgefahren war, doch Johns Augen begannen zu leuchten, und er rief: „That must be Rose!" Bevor Elen etwas erwidern konnte, stürmte er, so schnell es mit seiner steifen Hüfte eben ging, an ihr vorbei und hinaus. Elen folgte ihm. Er erreichte das Taxi in der Auffahrt gerade rechtzeitig, um die Fondtür zu öffnen.

Dann half er einer sehr eleganten, grauhaarigen Dame aus dem Wagen. Sie mochte etwa Mitte sechzig sein, trug ein fuchsiafarbenes Kostüm und dazu passenden Lippenstift. An ihrem Arm baumelte eine große Lederhandtasche, die Hände steckten in Lederhandschuhen. John und Rose umarmten sich, und Elen wendete den Blick ab. Es war ein bisschen ungewohnt, John so zu sehen. Am besten ließ sie die beiden in Ruhe.

„Where are you going, Elen? Let me introduce you to Rose", hörte sie John hinter sich.

„I was just about to[55] help Beth with …"

„You can do that later. Rose, this is Elen, Elen, this is Rose."

Elen drehte sich um und gab der Dame die Hand.

„How are you doing", sagte diese mit schwerem amerikanischen Akzent. Ihre braunen Augen blickten nicht unfreundlich durch goldgerahmte Brillengläser.

„Hi", sagte Elen und gab sich große Mühe, zu lächeln. „Excuse me please, I'd really like to talk to you, but Beth is waiting for me. I promised. See you later." Sie nickte den beiden zu und ging dann mit raschen Schritten zum Herrenhaus. Als sie die Tür öffnete, schoss Nos an ihr vorbei und

53 if it wasn't for …: Wenn … nicht wäre **54** unemployed: arbeitslos **55** to be about to: gerade dabei sein

rannte kläffend auf Rose zu. Diese sah den Hund auf sich zurasen, stieß einen leisen Schrei aus und hielt Hände und Handtasche über den Kopf. Naturgemäß setzte Nos zum Sprung an. Seine Vorderpfoten hinterließen dicke, braune Abdrücke auf dem pinken Kostüm, und Rose sank ohnmächtig in Johns Arme.

„Oh dear", war alles, was Elen herausbrachte, bevor sie sich prustend ins Herrenhaus flüchtete.

ÜBUNG 11

Setze die oben stehenden Wörter an der richtigen Stelle ein.

sorry – doing – see – excuse – thank

How are you ________?
I'm fine, ________ you.
________ me please, I have to go!
Oh, I'm ________ to hear that.
________ you later!

Welches der Wörter ist kein Verb? ____________

Gegen Abend versammelte sich die ganze Gesellschaft in der Küche des Herrenhauses: Elen, David, Beth, Owen, John und Rose. Es duftete herrlich nach Pork Pie, einem herzhaften Kuchen mit Schweinefleisch, Zwiebeln, Cheddarkäse und Apfelwein. Nos lag auf einer Decke in der Nähe des Herdes und streckte sehnsüchtig die Nase in die Luft. Rose fand es offenbar mehr als unangenehm, dass der Hund sich in der Küche aufhielt. Ihr Gesichtsausdruck sprach jedenfalls Bände.

Beth stellte zwei dampfende Pieformen auf den Tisch. „Now everybody, help yourselves!“, sagte sie. Während alle zulangten, entspannten sich rings um Elen lebhafte Gespräche. Dass sie sich nicht beteiligte, bemerkte kaum jemand – alle wussten, dass sie sich beim Essen ungern unterhielt!

Nur eine Person nicht – Rose. Aufrecht saß sie neben Elen und warf ihr strenge Blicke zu.

„What's wrong?“, fragte Elen in ihre Richtung, ohne vom Teller aufzuschauen.

„I'm sorry to say that, Elen, but I find your behaviour[56] quite unfriendly. Don't you want to talk to me?“

„Hm“, murmelte Elen zwischen zwei Bissen und starrte geradeaus. „Sorry.“

Mehr war nicht aus ihr herauszubringen, und Rose seufzte mehrfach laut. John, der rechts von ihr saß, wandte sich ihr zu. „Is everything alright, love?“

„Yes, sure. Thanks“, sagte Rose spitz, mit einem letzten Seitenblick auf Elen. „This pork pie is really delicious.“

In diesem Augenblick begann es leise zu Elens Füßen zu klingeln. Irritiert beugte sie sich vor und sah Roses Handtasche neben ihrem Stuhl auf dem Boden stehen. Darin schien sich ein Handy zu befinden, das gedämpft läutete. Elen streckte die Hand aus und ergriff die Bügel der Tasche. In diesem Augenblick stieß Rose wie ein Raubvogel vor.

„Give it to me“, zischte sie zwischen zusammengebissenen Zähnen und riss der verdutzten Elen die Tasche aus der Hand.

„I was just about to …“

56 behaviour: Verhalten

„Oh, thank you so much, dear. I only forgot to switch my cell phone[57] off", flötete Rose munter und schickte ein gekünsteltes Lächeln in die Runde. Während sie weiterplapperte, griff sie in ihre Handtasche, und das Klingeln erstarb.

Elen runzelte die Stirn und sah zu Owen hinüber, der sich aber mit David unterhielt und anscheinend nichts bemerkt hatte. Sie zuckte mit den Achseln und widmete sich ihrem Stück Pie.

ÜBUNG 12

Formuliere die Sätze in der jeweiligen Vergangenheitsform!

They have dinner in the kitchen on the first floor.

____

During mealtimes, Elen doesn't talk much.

____

Nos is lying beside the stove.

____

Rose gets angry, because Elen wants to take the mobile phone.

____

Owen doesn't notice what's going on.

____

Das üppige Essen lag Elen in dieser Nacht schwer im Magen. Immer wieder wachte sie auf und wälzte sich hin und her. Draußen wehte offenbar ein kräftiger Wind, und die hohen Bäume vor dem Herrenhaus knarrten und raschelten laut.

Sie hatte Gewissenbisse, weil sie beim Abendessen so unfreundlich zu Rose gewesen war, obwohl sie sich doch eigent-

57 cell phone: Handy

lich etwas anderes vorgenommen hatte. Rose war für Elens Geschmack aber auch wirklich zu etepetete! Das passte eigentlich gar nicht zu John, fand sie. Auch wenn sie das natürlich nichts anging. Elen seufzte tief und drehte sich auf die Seite.

Was ihr außerdem Kopfzerbrechen bereitete, war die Geschichte mit den Smiths, die Beth das Herrenhaus wegnehmen wollten. Es konnte doch wohl nicht sein, dass man dagegen nichts unternehmen konnte! Sie musste morgen noch einmal unbedingt mit David oder Beth sprechen und in Erfahrung bringen, was genau geschehen war und was die Smiths vorhatten.

ÜBUNG 13

Ersetze die fehlenden Buchstaben in den Wörtern.

por_____ _____ie
da_____er
to swi_____ off
unfortun______ly
to intro_______
____seum
ki_____en
ev______ybody

Eine nicht ganz so feine Dame

„Phew! Now we're done[58]!" Beth drückte mühsam die Heckklappe des Autos zu und ließ sich auf den Fahrersitz fallen. Auch der Rücksitz quoll über vor Tüten mit Lebensmitteln. Elen und Beth hatten im Supermarkt in Pembroke einen Großeinkauf gemacht. Beth steuerte den Wagen durch die mit Feierabendverkehr vollgestopfte Stadt, dann folgten sie der kurvigen Straße Richtung Küste. Je weiter sie nach Süden kamen, desto nebliger wurde es. Schließlich bogen sie von einer Schnellstraße ab und fuhren in die Hügel Richtung Moradan Hall. Sie fuhren fast im Schritttempo, denn der Nebel war nun sehr dicht, und nur ab und zu konnte Elen einen Blick auf die umliegenden Schafweiden erhaschen. Manchmal ertönte ein gespenstisches Blöken, das klang, als dringe es durch Watte. Auch die Geräusche des Wagens wirkten seltsam gedämpft.

„This weather is really strange", sagte Elen.

„Yes. Some people believe that in the fog the Dwn Annwn, the hounds[59] of the otherworld, come out. These phantom hounds are said to growl loudly when they are far away, and the growl becomes softer[60] and softer the nearer they come. But I don't believe these folk tales. I like the air that the fog brings with it." Beth seufzte.

Elen schauderte. Diese Geschichte mit den Hunden war wirklich gruselig. Sie sah ihre Stiefmutter von der Seite an. „Have you heard anything from the Smiths?"

58 to be done: fertig sein (mit einer Aufgabe) **59** hound(s): Jagdhund(e) **60** soft: hier: leise

Beth schaltete die Scheibenwischer ein, denn es begann zu nieseln. „No, unfortunately not. Our lawyer Sarah told me to be patient[61], but I find it really hard. I'm very worried about this."

„Do you know how the Smiths got the idea they might be related to James ap Gwyn?", fragte Elen und zog den Reißverschluss ihres Anoraks zu.

„Sarah told us that the Smiths have been trying to climb the social ladder[62] for years. Some day last year, an old aunt of theirs mentioned something about rumours. She said that their great-grandmother was the child of an affair her mother had had with a member of the ap Gwyns. Of course it's very unlikely that this story is true, but still, they believed it because it was what they wanted to hear."

„But they have no evidence for that?" Elen kniff die Augen zusammen. Sie fuhren mittlerweile gegen eine Wand aus Nebel an.

„No, they haven't. Not yet. But maybe the lawyer will find something. He told Sarah he was going to check the family chronicles."

Elen schnaubte empört. „But he must know that they have no reasonable chance[63]. Even if they are related, they'll have to prove that James ap Gwyn was forced to write his will."

„It's not that easy, Elen. You know how it is: People talk, and even if they have no proof against me, people will remember I was accused of being a legacy hunter[64]. And we don't know – maybe they'll even try to bring forward false testimonies[65]."

„We have to do something about it!" Elen trat mit dem Stiefel gegen ein saftig grünes Grasbüschel, das die zahlreichen fressgierigen Schafe noch nicht entdeckt hatten. Gegen Mittag hatte ein starker Wind den Nebel fortgeweht, und nun schien seit

61 to be patient: geduldig sein **62** to climb the social ladder: in bessere Kreise aufsteigen **63** no reasonable chance: keine echte Chance **64** legacy hunter: Erbschleicher/in **65** to bring forward false testimonies: gefälschte Beweise anbringen

ÜBUNG 14

Kreuze die richtigen Antworten an!

Do the Smiths think that Beth should keep the manor house?
Yes, they think so.
No, they don't think so.
They don't care.

Can the Smiths prove that they should own the manor house?
Yes, they can.
No, they can't. But their lawyer is searching for evidence.
No, they can't. Their lawyer hasn't found any proof.

Is Beth worried?
Yes, Beth is very worried.
No, Beth is not worried, since there is no proof.
No, she's not worried, because usually people keep rumours to themselves.

Are the Smiths rich?
No, they aren't. They hate rich people.
No, they aren't, but they've been trying to climb the social ladder for years.
Yes, they are. They own several manor houses.

einigen Stunden kräftig die Sonne. Sie und Owen hatten eine kleine Wanderung gemacht und saßen nun unter einem Apfelbaum auf der Weide. Das Herrenhaus war nur noch in der Ferne zu sehen, doch das Land, auf dem sie saßen, gehörte immer noch zu Beths Grundbesitz.

„What do you mean?“ Owen hatte sich lang im Schatten ausgestreckt und seinen Kopf auf den Bauch des schlafenden Nos gebettet. Elen warf Owen einen verächtlichen Blick zu.

„Have you been listening at all?“

„Sure, Elen. Don't be so touchy[66].“

„I'm not touchy! I just want you to listen to what I'm saying!“

„Alright, I'm sorry. Now what do you want to do?“

„We should try to figure out what the Smiths are up to[67]. Beth told me they haven't heard anything from them, and maybe they mean mischief[68].“

„But how could we figure that out?“

„Maybe we could go to Swansea to see their lawyer.“

„Hm.“ Owen kratzte sich an der Nase und schaute Elen an. „Beth wouldn't want me to get involved with this.“

„I know, it's the same with David.“

„And there's one problem. I have to go to school, and the trip to Swansea would take a long time.“

„But maybe ...“ Elen zögerte, dann hellte sich ihre Miene plötzlich auf. „Beth told me that the lawyer was supposed to sift[69] the family chronicles to prove the Smith's relationship with James ap Gwyn. We could find out where these chronicles are being stored[70] and if he has already found what he was looking for.“

„That's a good idea. And maybe you could ask John to go with you. He knows everything about research[71].“

„Well, I doubt that I can entice him from[72] Rose. And if he tells David ...“

„Don't worry, you can be sure that he won't tell David anything.“

66 touchy: empfindlich **67** to be up to s.th.: etwas vorhaben **68** to mean mischief: etwas Böses im Schilde führen **69** to sift: sichten, durchgehen **70** to be stored: aufbewahrt werden **71** research: Forschung, Recherchen **72** to entice from: weglocken

„Alright then.“ Seufzend ließ sich Elen neben Owen fallen und kraulte Nos das Fell. Die milde Luft roch nach Apfelblüten und ein wenig nach Schaf. Sie wendete den Kopf zur Seite und sah ihren Stiefbruder an, der zu dösen schien. Aus der Nähe entdeckte sie einige Sommersprossen auf seinen Wangen. Als hätte er ihren Blick bemerkt, öffnete er kurz die Augen und blinzelte ihr zu. Sie hätte es niemals zugegeben, aber sie fing an, Owen zu mögen.

ÜBUNG 15

Verbinde die jeweils zusammengehörenden Verbformen mit einem Strich! Schreibe dann noch die zugehörigen Grundformen auf.

follow
gone
flew
went
followed
written
flown
wanted
wrote
want

____

____

____

____

____

Elen schlug den Weg zum Museum ein. Die Tür stand offen, und als sie sich näherte, spitzte sie die Ohren. War das nicht Roses Stimme? Langsam betrat Elen den Vorraum mit dem Kassenhäuschen. Rose stand darin, mit dem Rücken zu ihr, und flüsterte eindringlich in ihr Handy.

„No, that won't work! No, forget it! I've tried it before. He's just the same old fool. I just can't stand him anymore. I've made up my mind[73]. Listen, I'll …"

In diesem Moment drehte Rose sich um und erstarrte. Sie hielt den Blick auf Elen gerichtet und sprach heiser ins Telefon: „I'll get back to you later". Sie beendete das Gespräch. Dann lächelte sie verkrampft. „Hi, Elen. You scared me to death! Why do you come creeping[74] in here like a ghost?"

„Sorry, Rose", sagte Elen beiläufig, um dann zu fragen: „Have you seen John?"

„I – well, I was about to go look for him. But ah", sie quiekte fast in gespielter Heiterkeit, „there he is. Speak of the devil!"

ÜBUNG 16

Ergänze die fehlenden Hilfsverben!

Elen __________ asked John to listen to her.
Rose __________ talking on the phone when Elen came to the museum.
Elen __________ not ask Rose who she was talking to.
Owen thinks she __________ entice John from Rose.
Maybe they __________ go to the archives later.
Elen __________ not wait to get there.

73 to make up o.'s mind: sich entscheiden **74** to creep: schleichen

„Hello ladies." John führte einen Besucher zum Ausgang und trat dann zu den beiden. Er drückte Rose einen Kuss auf die Wange und legte seine Hand auf Elens Schulter. „Elen, is there anything wrong?"
„Well, yes", sagte Elen, und mit einem Seitenblick auf Rose ergänzte sie leise: „Sorry, do you think we could talk in private?"

„Sure", antwortete John, und dann an Rose gewandt: „Would you be so kind and excuse me for a minute? I'll be right back. Thank you, pet[75]."

In Roses Augen flackerte es kurz auf, dann lächelte sie. „No problem. I was just about to leave anyway. I'm going to see my cousin in Pembroke for tea." Und weg war sie.

75 pet: Liebes

Mared

„Well, well." John wackelte bedächtig mit dem Kopf und musterte Elen mit seinen durchdringend blauen Augen. „Are you really sure you want to spy on[76] this lawyer?"

„Yes, John. And don't you think it would feel great just to DO something?"

„You're right, love. The chronicles the lawyer would have to sift are mainly kept in the Moradan archives. They are located next to the library and the town hall[77], close to the harbour. I wouldn't mind a small trip to Moradan myself, and the archivist is a good friend of mine. Also, I haven't been to the library for a while, and there are a couple of new books I'd like to take a look at." Er kratzte sich am Bart. „So … alright, I'll accompany you. The museum will be closed at three today. We can go then. Since Rose is going to visit her cousin, I have no other plans anyway. Just the two of us, that'll be nice!"

Elen war unwillkürlich erleichtert darüber, dass Rose nicht mitkam. „Yes, that'll be nice. Just like in the old days." Und zum ersten Mal am heutigen Tag musste sie breit grinsen. Sie hörte sich ja an, als sei sie selbst schon 70 Jahre alt!

Der Hafen von Moradan befand sich in einer kleinen Bucht. Segelboote lagen dort neben kleinen, altmodischen Fischerbooten am betonierten Kai vor Anker. Entlang der Hafenpromenade erstreckten sich kleine Geschäfte und einige Restaurants, die zu dieser Tageszeit eher schlecht besucht waren. Das Sonnenlicht glitzerte auf den Wellen im Hafenbecken.

76 to spy on: ausspionieren **77** town hall: Rathaus

ÜBUNG 17

Setze die richtige Form des Futur ein!

If Elen goes to the archives, maybe she _______________ find out what the lawyer is up to.
The forecast says it _______________ rain tomorrow.
Probably Elen _______________ tell Owen that Rose was talking strangely on the phone.
Rose _______________ visit her cousin in Swansea this afternoon.
I'm sure it _______________ be nice to spend the day with you!
If the Smiths are right, Beth _______________ lose Moradan Hall.

„100 years ago, there were no restaurants or postcard displays to be seen here", erklärte John, während sie an der Promenade entlang zur Bibliothek spazierten. „People survived[78] on fishing and sheep farming, and they were very poor. Many moved to Cardiff and Swansea to work in the docks."

Elen betrachtete die adretten, weiß und bunt gestrichenen Häuser. „That's hard to imagine. Everything looks so neat[79] and clean now." Dann zeigte sie auf das große Schild eines Geschäfts. „It's good you came with me. I forgot that almost everything is written in Welsh here."

„Actually it's time you took up[80] Welsh, Elen!"

„I know. But it's so hard!" Elen seufzte. Vor einigen Jahren hatte ihr Vater ihr ein Walisisch-Sprachbuch nach Frankfurt mitgebracht. Sie hatte gehofft, wenigstens ein paar Worte zu lernen, aber es war so schwer! „I tried, but I can never remember those words, and they are so hard to pronounce. If it was similar to English …"

78 to survive: überleben **79** neat: gepflegt **80** to take up: etwas anfangen

John lachte. „But it's not. Sorry about that, Elen. Welsh is a Celtic language, and English belongs to the Germanic languages. German and English are much more alike."

ÜBUNG 18

Trage die Ländernamen ein.

John speaks Welsh. He's from Wales.
Elen speaks German. She's from ____________
Pierre speaks French. He's from ____________
Ana speaks Spanish. She's from ____________
Nadja speaks Russian. She's from ____________
Xiao Li speaks Chinese. She's from ____________
Sven speaks Norwegian. He's from ____________
Famke speaks Dutch. She's from the ____________

Das Archiv lag im obersten Stockwerk des alten Gemeindehauses. Eine alte, knarrende Holztreppe führte steil zu einer schmalen Tür empor. Sie war verschlossen, und John drückte auf den kleinen Klingelknopf rechts neben der Tür.

Trippelnde Schritte näherten sich, und eine sehr kleine Frau mit einer dicken Brille öffnete die Tür. Als sie John erblickte, stieß sie einen überraschten Laut aus, um dann einen freudigen Wortschwall über die beiden zu ergießen, den Elen leider nicht annähernd verstehen konnte, da die Frau Walisisch sprach. Sie hatte dunkle Haut und schwarzes Haar, das sie im Nacken zu einem kleinen Knoten festgesteckt hatte.

„Elen, this is Mared, my dear old friend and an ambitious and skilful archivist."

„Pleased to meet you, Elen", sagte Mared und gab Elen ihre kleine und trockene Hand. Die winzigen Augen hinter den Brillengläsern zwinkerten. „I've heard a lot about you. Only good things, of course."

John lächelte verlegen. „Erm, yes …" Mared winkte ab. „Anyway, come in dears, come in."

Elen trat über die Schwelle und blickte sich staunend um. Sie befanden sich in einem ausgebauten Dachstuhl, der bis in den letzten Winkel mit Büchern und Papierrollen vollgestopft war. Nur wenig Tageslicht drang durch ein fliegenblindes Dachfenster, und die Luft war stickig. In der Mitte des Raums stand ein riesiger Tisch, auf dem eine kleine Lampe einen Stapel alter, in Leder gebundener Bücher beleuchtete. Eine fette, sehr alte graue Katze döste neben den Büchern. Es roch nach Staub. Besonders archiviert sah es hier nicht aus, fand Elen.

„Sit down." Mared stellte zwei Stühle für sie bereit und setzte sich ebenfalls. Sie verscheuchte die Katze, die sich widerwillig trollte, verschränkte dann die Hände auf dem Tisch und blickte die beiden aufmerksam an. „How can I help you?"

John räusperte sich. „Mared, before we tell you about the circumstances, we would simply like to know if during the last weeks someone came to see you about the chronicles of the ap Gwyn family?"

Mared hob überrascht die Augenbrauen. „Funny that you ask, John. Actually, yes. Usually not that many people come here, and they are rarely strangers to me. But about ten days ago a man from Swansea came."

„Was he a lawyer?", rief Elen und beugte sich gespannt vor.

ÜBUNG 19

Stelle aus den Wortteilen sechs Wörter zusammen. Du darfst jeden Wortteil nur einmal verwenden. Schreibe die Übersetzung hinter jedes Wort.

head ______________________
hood ______________________
plat ______________________
pot ______________________
friend ______________________
sister ______________________
form
girl
tea
child
lights
step

„He didn't say anything, but he might have been a lawyer. He wore a suit and seemed very well-educated. Wait a second, I should have his name and address. Since a student ruined a book with his damned Coke some years ago, I take down[81] visitors' addresses, unless I'm personally acquainted with[82] them."

Mared erhob sich ächzend von ihrem Stuhl und trippelte zu einem großen Sekretär, der an der Wand stand. Sie öffnete die Klappe, zog eine große Kladde hervor und brachte sie an den Tisch zurück.

81 to take s.th. down: etw. aufschreiben **82** to be acquainted with: mit etw./jmd. bekannt sein

„Here we are. Let me see … There he is. June 6th, Thomas Fisher, Walter Road, Swansea. That's him."

Elen und John tauschten einen Blick und nickten. Dann fragte John: „And do you remember which documents he wanted to see?"

Mared nickte. „He asked for everything that contained information about the ap Gwyn family. That was mostly chronicles."

„Do you know if Mr. Fisher found what he was looking for?", fragte John.

„I don't think so. He stayed a long time. And when he left he looked quite disappointed."

ÜBUNG 20

Schreibe die richtigen Fragen zu den Sätzen auf.

____

*Mr. Fisher stayed for **half an hour**.*

____

Yes, I went to school yesterday.

____

Yes, he's going to visit the archives tomorrow.

____

No, Elen doesn't like Rose.

____

***John** is good friends with Mared.*

____

*David will be back **tonight**.*

Das war eine gute Nachricht. Wenn Mr. Fisher in den Quellen keinen Beweis dafür gefunden hatte, dass die Smiths mit den ap Gwyns verwandt waren, dann hatte er das der Familie bereits mitgeteilt. Aber wieso meldeten sich die Smiths nicht bei Beth?

Am späten Nachmittag half Elen ihrem Vater beim Erdbeerenpflücken. Er und Beth hatten im rückwärtigen Teil des Gartens ein riesiges Beet angelegt. Das Klima in Pembrokeshire war mild, und dank des fruchtbaren Bodens und der vielen Sonnenstunden in den letzten Wochen waren die Früchte prächtig gediehen.

Keuchend richtete Elen sich auf und wischte sich den Schweiß von der Stirn. „Gosh, it's still so warm! Pass me the water bottle, please!"

David reichte ihr die Flasche. Während Elen gierig trank, sagte er: „I've already told Beth what you found out in the archives. You probably know that I don't like you to snoop around on your own account[83]. Still it's very helpful to know that Mr. Fisher didn't find any evidence for the Smiths being related to ap Gwyn. That's what we expected anyway."

Elen setzte die Flasche ab. „But he was in the archive about ten days ago. Why haven't the Smiths told you yet?"

„Maybe they're trying something different. Or maybe they went to see another lawyer."

Elen schraubte die Wasserflasche zu und legte sie wieder ins Gras. „Maybe you're right. But you and Beth, you just wait for things to happen. Don't you think you could do something about it?"

„Elen, I know it's hard for you to understand, but the Smiths so far have only **said** they'll sue[84] Beth. As long as they don't follow through[85], it's best for us just to wait and see."

83 on s.o.'s own account: auf eigene Faust **84** to sue: verklagen **85** to follow through: etw. wahr machen

Elen seufzte und nahm den halb vollen Korb mit Erdbeeren auf. Geistesabwesend schob sie sich eine dicke, rote Frucht in den Mund, dann noch eine. Zerstreut sah sie zu ihrem Vater auf. „Delicious", murmelte sie.

David lachte und zupfte ein Stück Gras aus ihren Haaren. „I know it's hard to accept. But please try to be patient. Come on, love, let's pick some more strawberries. We want to have strawberries and cream for dessert, don't we?"

ÜBUNG 21

Steigere die Adjektive.

warm ____________ ____________
helpful ____________ ____________
hard ____________ ____________
delicious ____________ ____________

Ein nächtlicher Eindringling

„Ssst, Elen! Elen! Wake up!“

Langsam öffnete Elen die Augen. Es war dunkel im Zimmer, doch im Widerschein des schwachen Mondlichts konnte sie Owens Gestalt an ihrem Bett erkennen. Schnell setzte sie sich auf. „What's wrong?“

„There's something going on outside. We should have a look.“

„What do you mean?“

„Put on your clothes and see for yourself[86].“

Owen ging wieder ans Fenster, und Elen griff sich Pullover, Jeans und Schuhe. Sie zog sich schnell an und war mit zwei Schritten neben ihm.

„Look, over there in the museum.“

Elen kniff die Augen zusammen und ließ ihren Blick aufmerksam über das Gebäude wandern. Dann packte sie Owen am Arm. „There's a light flickering behind the curtains!“

„Yes, and the window must be open, because the curtains are moving. I think the light is coming from a torch[87]. Somebody is in the museum!“

Elen drückte Owens Arm. „A burglar!“, flüsterte sie entsetzt. „Come on. If we hurry downstairs, maybe we'll catch him or her. Then we'll call the police.“

„But he might have a weapon!“, flüsterte Owen zurück.

„Okay, we'll call the police first and see what they can do.“

86 see for yourself!: Schau's dir selbst an! **87** torch: Taschenlampe

ÜBUNG 22

Schreibe die Sätze auf. Verwende dabei must/must not/don't/doesn't have to

Owen / go downstairs / slowly. ______________________________

Elen / be / careful. ______________________________

If they don't want to be heard, they / make / a noise.

____

She / call / the police, because Owen has already done that.

____

They / take / the binoculars with them, because it's dark anyway.

____

She / risk / her life. ______________________________

Nachdem Owen die Polizei angerufen hatte, schlichen die beiden die zwei Stockwerke hinunter ins Erdgeschoss. Elen warf einen Blick durch das Wohnzimmerfenster. „Now I can't see any light in the museum's windows!"

„Are you sure?" Owen schaute ebenfalls vorsichtig hinaus. „You're right. He or she must be gone. Come on, we'll go and have a look."

Vorsichtig schlüpften die beiden durch die Haustür, und Owen zog die Tür leise ins Schloss. Im Schatten der Hausmauer bewegten sie sich zum Museum hinüber. Kein Laut war zu hören, nur ab und zu der Ruf eines Käuzchens und das Rascheln in den Blättern der hohen Bäume.

Plötzlich blieb Elen wie angewurzelt stehen. „Listen", flüsterte sie. „I think I hear something."

Die beiden lauschten angestrengt. Kein Zweifel, vom Museum drangen Geräusche herüber. In diesem Moment sah Elen es: Die Tür öffnete sich, und eine dunkel gekleidete Gestalt mit vermummtem Gesicht trat heraus und blieb auf der Schwelle stehen. Elens Herz begann, wie verrückt zu klopfen. Die Person wendete ganz langsam den Kopf erst nach links, dann nach rechts, dorthin, wo Elen und Owen in die Kletterrosen gepresst standen. Die Furcht trieb Elen den Schweiß auf die Stirn. Sie wagte kaum zu atmen. Gerade, als sie glaubte, nun endgültig in Ohnmacht zu fallen, drehte die Gestalt den Kopf wieder weg, schulterte einen schwarzen Rucksack und machte ein paar Schritte geradeaus, um dann querfeldein im Laufschritt die nördliche Richtung einzuschlagen, geradewegs über die Schafweide.

ÜBUNG 23

Trage die fehlenden Adjektive in die Lücken ein!

I was so __________. *(anger)*
I was so __________. *(helplessness)*
I was so __________. *(curiosity)*
I was so __________. *(luck)*
I was so __________. *(sadness)*

„And then Elen and I saw the police car's headlights[88] approaching, so we thought we should stay where we were", schloss Owen seinen Bericht. Der Polizist nickte.

„Well done. I'll have two patrol cars search the grounds[89]. Maybe they'll find your burglar. Has anything been stolen?"

88 headlights: Autoscheinwerfer **89** grounds: Gelände

„We don't know", sagte Elen. „We haven't been in there yet." Sie schirmte ihre Augen mit einer Hand gegen die Scheinwerfer der Polizei ab und deutete mit dem Finger auf das Museum.

„What on earth is the matter?", erklang nun Davids Stimme von oben, und sein verstrubbelter Kopf erschien im offenen Schlafzimmerfenster im ersten Stock. „Owen! Elen! What's happened?"

„Someone has burgled the museum."

„What? We'll be down in a minute."

ÜBUNG 24

Versuche, die Lücken zu füllen, ohne dass du noch einmal in den Text schaust.

„And then Elen and I ____ the police car's headlights approaching, so we thought we ____ where we were."
„____done. I'll have two patrol ____ search the grounds. Maybe they _____ ____ your burglar. ___ anything _____ stolen?"
„We ___ know", sagte Elen. „We ____ _____ in there yet."

„We should go and wake up John, too", sagte Elen. Owen nickte und blickte nachdenklich zu Johns Haus hinüber, dann zum Museum.

„Funny that nobody noticed anything except us", murmelte er.

„Yes, that strikes me[90], too", pflichtete Elen ihm bei. Plötzlich runzelte sie die Stirn. „Wait a minute, Owen. Do you know why nobody noticed anything? Because usually Nos would have been barking. But he hasn't! Where is he?"

90 to strike: hier: auffallen

Owen schaute sie erschreckt an. „Oh, no! I just hope nothing terrible has happened to him!“

„Where does he usually stay at night?“

„In his doghouse, just beside the gate.“

„Let's go and have a look!“

Halb gehend, halb trabend näherten sie sich der Hundehütte. Schon von Weitem sahen sie ein Bündel bewegungslos vor der Hütte liegen, nur vom Mondlicht beschienen. Als der Lichtkegel der Taschenlampe darauf fiel, erkannten sie Nos.

„Nos! Nos, what is it?“ Rasch warf Owen die Taschenlampe beiseite und kniete sich neben den Hund, um dessen Puls zu ertasten. Nach einigen bangen Sekunden sagte er: „He's alive. Thank god.“ Elen atmete auf.

„But what's wrong with him?“

„I don't know. Maybe he's sick. We have to call the vet[91].“

Nos öffnete die Augen und hechelte. Dann versuchte er, auf die Füße zu kommen, aber er war zu schwach. „There, there“, versuchte Owen ihn zu beruhigen, „It's alright, Nos, you'll be fine.“ Er drückte seinen Kopf in das weiche Fell des Hundes. „Hopefully“, hörte ihn Elen dann mit erstickter Stimme sagen.

Schüchtern fragte sie: „Shall I go and tell Daddy?“

Owen wischte sich die Augen und schaute dann auf. „Yes, please. Thanks.“ „Alright then.“ Elen griff nach der Taschenlampe und wollte sich schon aufrappeln, als ein Gegenstand in der Hundehütte den Lichtschein zurückwarf.

„Wait a minute. What's this?“ Sie kniete sich vor die Hütte und griff hinein. Stirnrunzelnd hielt sie Owen ein verschmiertes Stück Alufolie entgegen. Ein seltsamer Geruch stieg ihr in die Nase. “That smells like … like … wait … like meat! Why would Nos … Hmm …“ Nachdenklich setzte sie sich in Bewegung.

91 vet(-erinary): Tierarzt/-ärztin

ÜBUNG 25

Trage die englischen Vokabeln an der richtigen Stelle ein.

1: Nacht
2: bellen
3: Hundehütte
4: er
5: niemand
6: hallo
7: Pforte
8: aß
9: Tee

10: normalerweise
11: Elens Stiefbruder
12: bekommen
13: Einbrecher
14: sagen, erzählen
15: kaufen
16: zuhören
17: du, ihr
18: Mauer

Seufzend richtete die Tierärztin sich auf.

„What is it, Gwen? Is it anything serious[92]?“, fragte David. Nachdem Elen ihn verständigt hatte, waren sie losgelaufen und

92 serious: ernst(haft)

hatten Nos auf einer Decke ins Wohnzimmer getragen. Vor einigen Minuten war die Ärztin eingetroffen.

„I think he'll be better soon. The symptoms suggest he got poisoned, and Elen's finding supports this theory." Sie deutete auf das Stück Alufolie, das sie in der Zwischenzeit in einen Plastikbeutel gesteckt hatte. „Anyway, I'm going to have an analysis made to see if the food is rotten[93]. If it isn't rotten, Nos was probably poisoned intenionally[94]. You can expect the results for next week. For the time being, all he needs is rest. He might vomit[95] again, then you make sure he drinks lots of water to prevent dehydration[96]. If his condition gets worse, please give me a call."

ÜBUNG 26

Bilde aus den Verben das Present Perfect und setze sie in den richtigen Satz ein.

to be/to talk to/to make/to examine/to phone

The vet ______ the dog.
She ____ not ______ an analysis of the food yet.
Owen and Elen _____ very worried.
Owen ___ the police.
The police _____ not ______ John yet.

„That's what I thought", sagte Elen grimmig, nachdem die Tierärztin gegangen war. „The burglar poisoned Nos, so he could get into the museum without anyone noticing!" Sie setzte sich neben David auf das Sofa.

93 rotten: verdorben **94** intentionally: absichtlich **95** to vomit: sich übergeben **96** dehydration: Austrocknung

Owen schaute grimmig drein. „How can anyone do that?“ Er saß, in eine Decke gewickelt, auf dem Boden neben dem schlafenden Nos.

„By the way“, fragte Elen an David gewandt, „what was stolen from the museum?“

„Only one item was stolen. The burglar took King Arthur's Dagger“, sagte David und hob resigniert die Schultern. „No luck with us these days. First this trouble with the Smiths from Swansea and then theft[97]! I still can't believe it!“

„Oh no!“ Ausgerechnet der Dolch! Hoffentlich nahm John es nicht zu schwer. Plötzlich schaute Elen auf. „I'll tell you who it was!“, sagte sie heftig, und ihr Blick sprühte Funken. „Rose took the dagger!“

„What?“ David legte ihr die Hand auf die Schulter. „Elen, calm down. We're all a bit nervous, but that's no reason to accuse[98] someone.“

„But it must have been her! It's obvious[99]!“ Elen schüttelte Davids Hand ab. „She's strange, she's not honest with John, and she hates Nos.“ Elens Augen waren dunkel vor Zorn. „And now everything makes sense. She didn't come here for John, she came here for the dagger!“

„But the person we saw leaving the museum didn't look like an old woman to me“, warf Owen ein.

„She might have an accessory[100]. That's the one she talked to on the phone.“

„Elen“, sagte David streng, „I don't know anything about your reasons for mistrusting Rose. I don't want to get involved in this, but whatever it is you have in mind, you are not to[101] share your suspicions with John. He's an old man, and you mustn't hurt his feelings, not before you are absolutely sure that

97 theft: Diebstahl **98** to accuse s.o.: jmd. beschuldigen **99** obvious: offensichtlich
100 accessory: Komplize/Komplizin **101** you are not to do s.th.: ich verbiete dir, zu …

Rose is the one who took the dagger. I'd rather[102] we lost the dagger than lose our dear John."

Das saß. Elen schmollte, aber sie wusste, dass ihr Vater recht hatte. Mürrisch warf sie Owen einen Blick zu.

„Have the police found any traces[103]?", fragte der.

„No, they haven't. Two patrol cars went looking for the burglar, but they were too late", erwiderte David.

„So what are they going to do next?"

David seufzte. „Nothing, I'm afraid, since the dagger is not worth much and the burglar did no harm to anyone and didn't break anything. The police already told me. They usually prefer to spend their time attending to[104] cases which are more important: murder, for example."

ÜBUNG 27

Beantworte die Fragen jeweils in ganzen Sätzen.

Have the police been looking for the burglar?

____

Did they find the burglar?

____

Can Elen prove that Rose took the dagger?

____

Does David agree with Elen?

____

Do they have to take Nos to hospital?

____

Is Elen going to tell John about her suspicion?

____

102 I'd rather: Mir wäre es lieber, wenn … **103** traces: Spuren **104** to attend to: sich kümmern um

Besuch aus Swansea

Am nächsten Morgen saß Elen mit John auf der Bank vor dem Museum. Sie hatten soeben den Tatort besichtigt. Der Einbrecher hatte glücklicherweise weder das Fenster, durch das er eingedrungen war, noch die Vitrine beschädigt. Den einzigen Hinweis auf die Geschehnisse der letzten Nacht gab der kleine Scheinwerfer, der nun ein Stück blauen Samt beleuchtete, als wolle er den fehlenden Dolch dadurch ins Licht der Aufmerksamkeit rücken.

Die Sonne hatte den Morgentau längst getrocknet und wärmte Elen nun die Haut. Doch von der Müdigkeit und den Schrecken der letzten Nacht schien sie immer noch zu frieren. „I just don't get it", sagte sie und schüttelte sich. „You told me that the dagger wasn't worth anything, and now someone has stolen it. And the person was so eager[105] to get it he or she poisoned a dog."

„We'd better wait for the result, Elen, before we assume that Nos was really poisoned. Don't forget he might just have eaten something rotten. How is he, by the way?"

„He's much better. Still very sleepy, but he drank some water this morning. I had to promise Owen to look after him and check how he is at least every hour." Elen zog eine Grimasse.

John räusperte sich und zupfte sich am Bart. „Okay, dear. Tell me exactly what you noticed last night. Start with when you woke up, please."

Elen begann, John so genau wie möglich von den Ereignissen der letzten Nacht zu berichten. Der alte Mann lehnte sich mit

105 eager: eifrig, gierig

geschlossenen Augen zurück und nahm konzentriert jedes Detail in sich auf. Als sie fertig war, wendete er sich ihr zu.

ÜBUNG 28

Schreibe die Sätze hinter die richtige Uhrzeit!

I wake up and notice that something is wrong.
I have breakfast with Owen.
I sit on the bench and talk to John.
Now that it's dark, the temperature sinks.
The birds start singing.
Wow, lunch was really delicious!

05.10 a.m. ______________________

08.30 p.m. ______________________

08.30 a.m. ______________________

11.00 a.m. ______________________

01.30 p.m. ______________________

02.00 a.m. ______________________

„As you probably noticed, the burglar didn't have to break a window. He just had to lever it out[106]. Inside the museum, he didn't break anything either."

106 to lever out: aushebeln

Elen nickte. „The burglar probably had a key or a picklock[107] to open the showcase[108].“ Plötzlich fiel ihr etwas ein. „John“, sagte sie langsam und wickelte sich eine blonde Ponysträhne um den Finger, „do you remember that fellow who came around on Thursday, the tourist who was very interested in the dagger?“

ÜBUNG 29

Stelle dir die unten genannten Personen vor und kreuze die Attribute an, die zu ihnen passen.

Elen:
girl
boy
young
shy
intelligent
curious
dark-haired

David:
man
Elen's father
woman
lawyer
red-haired
teacher
Beth's father

John:
young
man
fair-haired
old
friendly
afraid of dogs
always hungry

Rose:
old
Welsh
Owen's girlfriend
afraid of dogs
grey-haired
rude
American

107 picklock: Dietrich **108** showcase: Vitrine

„Yes, I do. He was very nice and he was obviously very well informed about Welsh history."

„Are you sure? When I talked to him, he seemed to be the stereotype[109] American tourist who can't tell England from Wales[110]."

„American tourist? You must mean someone else. The man I talked to wasn't American. I do remember I noticed a strange accent, but it wasn't American."

„Hm. Maybe I didn't get it right." Nachdenklich spielte Elen mit ihrem Ohrläppchen.

„But why should he have stolen the dagger? We mustn't forget that it's almost worthless", sagte John.

„Maybe he's just obsessed[111] with King Arthur and wants to possess the legendary artefact. To keep it for himself. Like art lovers who steal Picasso paintings", schlug Elen vor.

„Maybe you're right. But we don't have any lead[112] for this theory. Did he tell you anything about himself?"

„I don't remember." Elen runzelte angestrengt die Stirn. „I know that he told me his name. But I don't remember, damn! He was trying to be very polite, and I found that a bit confusing. He behaved as if he knew me personally. But I could …" Elen verstummte. Soeben verließ Rose die Bäckerei, winkte ihnen zu und kam herüber.

„Go on, Elen. I don't keep any secrets from Rose, so you can talk frankly[113]."

Elen stand abrupt auf. „Sorry, John, but I have to look after Nos. See you later." Und weg war sie.

Am Nachmittag kam Owen aus der Schule. Sie setzten sich mit einem Teller Sandwiches ans offene Küchenfenster und berieten sich über das weitere Vorgehen. Der Himmel war

109 stereotype: klischeehaft, typisch **110** to tell … from: auseinanderhalten **111** obsessed with: besessen von **112** lead: Hinweis **113** to talk frankly: offen sprechen

wolkig, aber ab und zu fand die Sonne eine Lücke und schickte einige Strahlen zu ihnen hinab.

ÜBUNG 30

Bringe die Buchstaben in die richtige Reihenfolge und schreibe das jeweilige Wort auf. Setze es dann in den Plural.

GINAINPT __________ __________
IFLE __________ __________
WDIOWN __________ __________
NWAMO __________ __________
HDLIC __________ __________
GDO __________ __________
BCEHA __________ __________

„We have to go and talk to the neighbours. Maybe someone noticed something suspicious last night", sagte Elen.

„But I assume the police is doing that."

Elen schluckte ein Stück Sandwich hinunter und verdrehte die Augen. „You apparently[114] didn't listen, Owen. The police have lots of things to do, and a small burglery is surely not on their list of priorities. They didn't even take any fingerprints."

Owen seufzte. „Alright, then. Otherwise you'll be on my back all day anyway." Er überlegte. „There's actually only one neighbour living so close that she might have noticed something. That would be Mrs. Doyle. We should go and talk to her. Secondly, we could walk across the fields and look out for traces."

114 apparently: anscheinend

„Right. We'll do that." Owen griff nach dem letzten Sandwich, aber Elen schnappte es ihm in letzter Sekunde vor der Nase weg. Mit triumphierendem Grinsen führte sie es zum Mund, dann hielt sie inne, brach die Hälfte ab und hielt sie Owen hin. „There you go[115]."

Owen hob erstaunt die Augenbrauen. „Obviously miracles do happen!"

ÜBUNG 31

Setze die Verben ins Past Progressive.

Owen and Elen __________ (to look out) of the window for a long time.
Owen __________ (to phone) the police when Elen came back.
They waited while the police __________ (to talk to) David.
They talked to each other while the vet __________ (to examine) Nos.
Elen __________ (to eat) a sandwich when Owen asked her about her plans.

Der Himmel zog sich langsam zu, als Elen und Owen zu Mrs. Doyles Haus aufbrachen. Was für Elen in Frankfurt eine Strecke von wenigen Metern gewesen wäre, nämlich eine Etage höher, bedeutete in dieser wenig besiedelten Gegend einen Fußmarsch von etwa einem Kilometer. Als Elen und Owen endlich das kleine, verwitterte Steinhaus erreichten, hingen die grauen Wolken wie Blei am Himmel. Im Haus brannte Licht. Der Weg durch den Vorgarten war kaum noch zu erkennen, so zugewachsen er.

115 there you go: hier, bitteschön!

Nachdem Owen geklopft hatte, öffnete eine alte Frau mit grauem Haarknoten und einer dicken, schief geknöpften Strickjacke die Tür. Als sie Owen erblickte, begann sie zu strahlen und entblößte dabei eine Reihe bräunlicher Zähne. „Good afternoon, Mrs. Doyle", sagte Owen höflich und machte sogar einen leichten Diener. Elen musste aufpassen, nicht loszukichern.

„Owen, what a surprise. How are you, boy? I haven't seen you in a while, have I? Now, you almost look like a grown-up gentleman, don't you? And this is probably your little lady?" fragte Mrs. Doyle und musterte Elen von oben bis unten.

Nachdem Owen den Irrtum aufgeklärt und auch den Kampf gegen eine Einladung zum Tee verloren hatte, wurden die beiden von Mrs. Doyle ins Wohnzimmer auf ein ausladendes Sofa genötigt, dessen geblümter Stoff schon reichlich abgeschabt aussah.

Während Mrs. Doyle Tee einschenkte, berichtete Owen von dem Dolchdiebstahl, der die alte Frau recht wenig zu interessieren schien. Auf Owens Frage, ob sie in der Nacht etwas Verdächtiges bemerkt hätte, schüttelte Mrs. Doyle den Kopf. „No, dear, I haven't seen or heard anything. But you know I sleep very well, thank God. And your parents' grounds are not that near, are they?" Sie schlürfte laut ihren Tee aus einer gesprungenen Tasse und schmatzte. Owen stieß Elen heimlich mit dem Fuß an, und sie musste sich ein Grinsen verkneifen.

„But", sagte Mrs. Doyle nach einer Pause und setzte ihre Tasse mit einem lauten Klirren ab, „there were two strange women visiting me, on Monday, I think it was. A young one and an elder one. They introduced themselves as Mary and Suzanna Smith.“ Elen schaute auf.

Mrs. Doyle wackelte mit dem Kopf, wie um sich selbst zu bestätigen. „Yes, yes, very strange, my dears. They looked very elegant and they were very polite but they couldn't fool me, could they? They wanted to sound me out[116] about your parents and old James and how Beth inherited Moradan hall!“

Elen und Owen blickten sich überrascht an. Nun erfuhren sie nichts über den Diebstahl, aber stattdessen etwas über die Smiths? Was für ein seltsamer Zufall!

ÜBUNG 32

Verbinde jeweils ein Adjektiv und ein Nomen.

lady
girl
car
noise
cloudy
small
green
loud
woollen
old
sky
skirt

116 to sound s.o. out: jmd. aushorchen

„Come on, let's run!" So schnell sie konnten, hasteten Elen und Owen auf die Tür des Herrenhauses zu. Der Himmel hatte sich nun wirklich geöffnet, und ein wahrer Sturzbach kam herunter. Mit triefnassen Haaren und nassem T-Shirt wartete Elen vor der Tür, bis Owen endlich aufschloss. Dann stolperten sie förmlich in den Hausflur.

„I'm freezing[117]!" jammerte Elen.

„Come on, let's go into the living room. We can light a fire, and I'll fetch some towels from the bathroom."

Elen ging ins Wohnzimmer und schichtete einige Holzscheite in den Kamin. Während sie ein Streichholz an den Anzünder hielt und diesen zwischen die Scheite steckte, kam Owen mit Handtüchern und einigen Decken zurück.

„I just met David on the stairs. Nos is upstairs, he's still very sleepy. Here, take this." Er warf Elen zwei Handtücher zu, und sie trocknete sich dankbar ab. Dann wickelte sie sich in eine Decke und setzte sich vor den Kamin. Die Scheite fingen langsam Feuer.

Sie seufzte. „It's a pity with this rain. If the burglar left any traces, they'll be washed away by now, don't you think so, Owen?"

„Hm", brummte Owen. Er hatte es sich auf dem Sofa bequem gemacht und den Kopf auf ein Kissen gelegt. „I wonder where he is now", fuhr Elen nachdenklich fort und blinzelte in die Flammen. „But still, even though we didn't find out anything about the theft, visiting your crazy old lady wasn't completely useless." Sie warf Owen einen schelmischen Blick zu.

Owen lächelte träge. „Yes, she might be crazy, but she's not a lunatic[118]. I'm convinced[119] she told the truth about the Smiths."

„I wonder what they hoped to learn[120] from her. Do you think they're trying to collect testimonies against Beth?"

117 to freeze: frieren **118** lunatic: Verrückte/r **119** to be convinced: überzeugt sein **120** to learn: hier: erfahren

„Maybe they are. If they really want to convince the judges[121] that Beth forced Uncle James to write his will, they'll need testimonies. Otherwise nobody will believe them. But if they think they can win Mrs. Doyle over[122], they're wrong." Er gähnte.

„We shouldn't forget to pursue[123] this matter. Finding the burglar is important, but finding out what the Smiths are doing might be even more important. If you lose Moradan hall, the dagger is not of any use for you." Als keine Antwort kam, schaute Elen zu Owen hinüber. Er war eingeschlafen.

ÜBUNG 33

In dem Gitterrätsel sind sechs Wörter versteckt. Kreise sie ein. Sie können auch rückwärts geschrieben sein.

E	C	N	I	V	N	O	C	E
B	L	K	R	K	U	T	H	O
T	E	S	T	I	M	O	N	Y
D	T	Z	E	Q	J	W	E	T
E	S	W	A	D	I	E	L	E
I	C	M	C	G	O	L	O	G
F	H	T	H	E	F	T	R	R
H	N	S	E	D	G	I	P	O
E	L	T	R	M	V	P	U	F

121 judges (pl.): Richter **122** to win s.o. over: jmd. für sich gewinnen **123** to pursue: verfolgen

Ein verschwundener Rubin

Als Elen am Sonntagmorgen erwachte, regnete es immer noch. Auf Spurensuche brauchten sie heute wirklich nicht mehr zu gehen. Der Regen hatte bis jetzt ganz sicher alles ausgewaschen. Sie schaute aus dem Fenster. Am Horizont ging der wolkenverhangene Himmel fast unmerklich in die See über, die glatt und grau dalag. Elen seufzte. Das trübe Wetter hob ihre Laune nicht gerade. In diesem Moment sah sie ein Taxi die Auffahrt hinaufkommen. Es hielt vor der Bäckerei. Rose öffnete die Tür, gab dem hinter ihr stehenden John einen Kuss, öffnete einen Regenschirm und lief zum Wagen. Nachdem sie eingestiegen war, konnte Elen sich ein zufriedenes Lächeln nicht verkneifen.

„Good morning, Elen!“, rief Owen, als sie die Tür zur Küche öffnete. Er saß mit einer Zeitung am langen Holztisch, vor sich eine große Tasse Tee und einen Teller mit Toast. Zu seinen Füßen lag Nos. Als Elen hereinkam, sprang der Labrador auf und rannte schwanzwedelnd auf sie zu.

„Oh, what's that?“ Elen kicherte vor Freude und hockte sich hin, um Nos zu kraulen. „It's unbelievable. He looks much, much better!“

Owen strahlte über das ganze Gesicht. „Yes, indeed. He slept in my room, and he woke me up at six, licking my face. When I offered him some food, he almost ate my hand, that's how hungry he was!“ Einen Augenblick lang grinsten sich die beiden wortlos an, bis sich Elen ein wenig blöd vorkam.

Sie schaute zu Boden. „I was so afraid“, sagte sie leise.

„I know, Elen. Thanks for helping me out." Owen räusperte sich.

Elen stand auf und sog tief die Luft ein. Es duftete verführerisch nach Toast, Eiern und Speck. „God, I'm hungry, too! Any toast for me?", fragte sie gut gelaunt. Lässig schwang sie ein Bein über die Bank, auf der Owen saß, und ließ sich rittlings darauf nieder.

„Sure", nickte Owen, stand auf und ging zum Herd. „Scrambled eggs?"

„Yes, please!"

„Bacon?"

„Yes, please!"

„Toast?"

„Yep."

„The sea breeze increases[124] your appetite, I guess", bemerkte Owen trocken.

„Actually, I'm always hungry, don't you remember?"

Owen schlug zwei Eier in die Pfanne und dachte nach. „Now that you mention[125] it – I guess I do remember. But apart from that, I think you're much nicer than you were two years ago. You were such a crosspatch[126] back then."

„So were you!" Nachdenklich lauschte sie dem leisen Pladdern des Regens draußen und dem Brutzeln des Rühreis. Noch etwas war kaum zu glauben – er machte ihr freiwillig das Frühstück. „As you said before – miracles do happen!"

Eine halbe Stunde später standen sie im zweiten Stock des Herrenhauses in Beths Arbeitszimmer. „Are you really sure this is alright?", flüsterte Elen und trat unruhig von einem Bein aufs andere.

„Relax, Elen. It's half past ten, and Beth and David went to the exhibition[127] in Swansea only an hour ago." Owen kniete vor

124 to increase: steigern **125** to mention: erwähnen **126** crosspatch: Kratzbürste **127** exhibition: Ausstellung

dem Regal und durchsuchte die Aktenordner. „There we are.“ Er schwenkte einen Ordner mit der Auschrift „Correspondence“. „We have plenty of time to look through this.“ Er setzte sich an Beths Schreibtisch und zog einen zweiten Stuhl heran. „Come on, sit down.“

Widerstrebend setzte Elen sich.

ÜBUNG 34

Trage -ee- oder -ea- in die Lücken ein.

Nos ate m______t.
Will we m____t in the garden tomorrow?
Are you r____ding a letter?
David is a t____cher.
Gr___tings from Wales!
That was a long w___k.
Rose f___rs dogs.

„Now let me see …“ Owen blätterte in dem Ordner, und Elen schaute ihm über die Schulter. „Here. This is the first letter Beth got from the Smiths’ lawyer, I think. And here’s the address.“

Der Brief war auf dickem, weichen Papier gedruckt und trug einen geprägten Briefkopf. „Horseman, Walsh, Fisher“ stand darauf, darunter eine Adresse in Swansea. Der Brief war mit „Thomas Fisher“ unterzeichnet.

„Okay, so this is our man“, sagte Elen. „Shall we check the webpage?“, fragte sie und deutete mit dem Finger auf die Internetadresse im Briefkopf.

„Sure." Owen warf Beths Computer an und ging ins Internet. Dann rief er die Seite auf. Nachdem er einige Zeit auf der Seite herumgeklickt hatte, rief Elen: „Look, there are photos!"

Als Owen auf den Link „Thomas Fisher" klickte, erschien ein neues Fenster mit einem großen Porträt.

Thomas Fisher war etwa Mitte dreißig, hatte dunkles Haar, einen dunklen Vollbart und braune Augen. Mit einem gewinnenden Zahnpastalächeln schaute er direkt in die Kamera. Sein Haar war vermutlich lockig, aber mit Gel so glattgestriegelt, dass es eng am Kopf anlag.

„Brr", schüttelte es Elen, „he doesn't look very likeable[128]." Dann sah sie noch einmal genauer hin. „Hmm ..."

„What is it?"

„I don't know." Geistesabwesend zerkrümelte Elen ihren Keks. „Something about him is strange."

„Well, then he should be the right partner for the Smiths."

Elen kicherte, dann wurde sie wieder ernst. „It feels like I've seen him before, but that must be a very distant memory. I've definitely never talked to him. But maybe I've seen him on television or in the newspaper or something. I think he looks like he wanted to be an actor rather than a lawyer. Very vain[129]."

Nachdem der Regen aufgehört hatte, brach Owen mit Nos zum Spaziergang auf. Elen ging zur Bäckerei hinüber und klopfte. Nachdem John sie hereingebeten hatte, öffnete sie die Tür.

„Good morning, dear! Look, we have a visitor!"

„Mared!", rief Elen erfreut und fragte sich insgeheim, ob es Zufall war, dass Mared John ausgerechnet an dem Tag einen Besuch abstattete, an dem Rose abwesend war.

128 likeable: sympathisch **129** vain: eitel

ÜBUNG 35

Verbinde die Sätze durch die richtige Konjunktion.

Elen thinks she has seen the lawyer before. She doesn't know where or when. _______________
Owen offers Elen a pack of biscuits. He knows that she likes sweet things. _______________
They still don't know what the Smiths are up to. They really tried to find out. _______________
Elen switches on the computer. She's eating. _______________
*Elen tries to be nice to Rose. John loves Rose.*_______________

John versorgte alle mit Tee, und nach dem ersten Schluck fragte Mared: „John, where's Rose, by the way? I thought you were going to introduce me to her."

Bei der Frage nach seiner Angebeteten breitete sich ein Lächeln auf Johns Gesicht aus. „She'll be back tonight. She went so see her cousin." Elen runzelte die Stirn. War Rose da nicht schon vorgestern gewesen?

Mared sagte: „It's nice to see you two, but I actually came here for a special reason. I have something to tell you which might be of interest. I would have come yesterday if I had known that the dagger had been stolen in the meantime[130]. But I didn't hear the news until this morning. I've told you that it's not often that strangers visit the archives. But on Friday afternoon, an hour after you left, another man came around. An American tourist who was very interested in Welsh history."

130 in the meantime: inzwischen

Elen und John setzten sich auf. „An American tourist?“, fragte Elen gespannt.

„Yes, indeed. He was very friendly and chatted away[131]. But do you know what? He asked for the chronicles of the ap Gwyns!“

Elen war wie vom Donner gerührt. Dann war ihr der Tourist also nicht ohne Grund seltsam vorgekommen? War er vielleicht Roses Komplize?

„And did you hand the chronicles out[132] to him?“, fragte John.

„Yes, of course! Why not? He read them thoroughly[133], took lots of notes and after a while, he got very excited about something. When he gave the documents back, he seemed to be very content[134]. “

ÜBUNG 36

Setze die unregelmäßigen Verben in das Past Tense.

John ______________ (to make) a cup of tea for Mared.
David ______________ (to teach not) Elen any Welsh.
Beth and Elen ______________ (to buy) food in the supermarket.
The burglar ______________ (to break in) the museum.
Elen ______________ (to see) him.
Owen ______________ (to think not) it was Rose.

„Wow, Mared, this is really big news. Maybe he's the burglar.“

„There's another thing that might be important. The ap Gwyn chronicles do not only contain the genealogy of the family, they also describe the legends connected with the house: one is the

131 to chat away: drauflosplaudern **132** to hand out: herausgeben **133** thoroughly: gründlich **134** content: zufrieden

legend of King Arthur's Dagger and the precious ruby[135] that is associated with it."

„I didn't know there was more about the dagger", sagte Elen aufgeregt, und dann an John gewandt: „What's that about the ruby?"

John verdrehte die Augen. „The ruby was allegedly once part of Arthur's magical sword Excalibur. Some writers note that it was said to be hidden in the dagger, but that was just a rumour. When the dagger was found, the archaeologists searched for the ruby. And when the professor in Cardiff examined the dagger, he actually dismantled[136] it and checked if the ruby was inside. Of course it wasn't."

„But the archeologists might find it one day?"

„You never know", sagte John missmutig, „but if that story is as true as the dagger legend, the ruby can't be more than a piece of red crystal!"

ÜBUNG 37

Welcher Begriff in den Paaren ist jeweils der „hochsprachlichere"? Kreise ihn ein.

big news – important information
to chat – to talk
lady – woman
to give s.o. the creeps – to frighten s.o.
man – fellow
child – kid

135 ruby: Rubin **136** to dismantle: zerlegen, auseinandernehmen

Elen glaubte, ein leises Kichern aus Mareds Richtung zu vernehmen, aber die kleinen Äuglein hinter der Brille verrieten nichts.

„Anyway", sagte John, „the tourist might have believed the dagger legend. So he stole it, believing that the ruby was hidden inside, as stated[137] in the documents."

„But you said that he was very well informed about Welsh history. He should have known that it's just a legend."

John rieb sich nachdenklich das Kinn. „You're right. So he might have had another reason."

„Or it wasn't him in the first place[138]", wandte Elen ein.

„Anyway, do you want his name and address?", fragte Mared dann. „I wrote it down for you. Wait a sec[139]."

Sie nahm ihre Jacke zur Hand. Aus einer der Taschen fischte sie einen Notizzettel und reichte ihn Elen.

„Martin McAndrews, 18550 Hollow Drive, Alameda, Ca, U.S.A.", las Elen laut vor. Sie dachte kurz nach. „That might be the man, I'm not sure. But do you know what's strange about this? He came here on Thursday morning, but it was Friday afternoon when he visited the archives. So he must have stayed somewhere overnight. If he was interested in the archives, why didn't he go there on Thursday afternoon?"

„Well, you're a smart girl, Elen", sagte Mared und lächelte, „but I have the answer to this. The archives are closed Thursday afternoon."

„Ah, I see", sagte Elen. „Maybe we can find out where he stayed."

Eine halbe Stunde später saß Elen wieder in Beths Arbeitszimmer und schaltete den Computer ein. Mareds Notizzettel neben der Tastatur, machte sie sich im Intenet auf die Suche nach den amerikanischen Yellow Pages, den gelben Seiten. Plötzlich hörte sie

137 to state: angeben, erklären **138** in the first place: von vorneherein **139** sec(ond): Sekunde

ÜBUNG 38

Kreise die Adjektive in der Liste ein und schreibe sie auf die Linien. Steigere sie, wenn möglich.

believe ____________________
legend ____________________
good ____________________
strange ____________________
ruby ____________________
document ____________________
smart ____________________
reason ____________________
afternoon ____________________
stole ____________________

die Dielen hinter ihrem Rücken knarren. Schnell drehte sie sich um.

„Hello? Is anybody there?“ Niemand war zu sehen, und kein Laut drang durch die geöffnete Tür zum Flur. Sie wendete sich wieder dem Rechner zu, als sie plötzlich den Griff einer eisigen Hand im Nacken spürte. Sie schrie laut auf. Die Hand lockerte den Griff, und Elen schaute in Owens feixendes Gesicht.

„Very funny. Thanks, Owen, for giving me the creeps[140].“

„You're welcome.“ Grinsend hielt er ihr eine Packung Kekse hin. „Peace?“

Elen zog eine Grimasse, nahm drei Kekse auf einmal und schob sie sich in den Mund. „Only if I can have all of them“, nuschelte sie.

„What are you up to?“, fragte Owen und stützte sich auf ihrer Stuhllehne ab.

140 to give s.o. the creeps: jmd. Angst einjagen

„Checking the internet. Big news. Mared gave us the name of a man who might be the burglar."

Owen riss die Augen auf, und Elen berichtete ihm von dem Gespräch mit Mared. Dann rief sie die Yellow Pages auf und gab den Namen „Martin McAndrews" und die angegebene Adresse ein.

„Damn", seufzte sie. „It's not his real name, or he used a false address. Wait, we can check this." Schnell gab sie den Namen einer Website an, auf der Stadtpläne aus aller Welt zu finden waren. Owen wartete schweigend hinter ihr.

„Here we go. Alameda is a small city in California. Well", seufzte Elen, „just as I thought – there's no road called Hollow Drive in Alameda. The address is totally fictious[141]."

ÜBUNG 39

Beantworte die Fragen.

Where is Elen when Owen finds her?

____

Does Elen scare him?

____

What does Owen offer her?

____

Is Elen searching for Martin McAndrews in the Yellow Pages?

____

Does she find him?

____

What does she think is wrong with the address?

____

141 fictious: erfunden

Elen saß im Schaukelstuhl auf der Terrasse.

„Elen! Elen!“ Owen kam in den Garten herübergerannt. Er war völlig aus dem Häuschen. Lachend hastete er auf sie zu, und ehe sie sich versah, hatte er sie hochgehoben und dreimal herumgewirbelt.

„Mum just got a phone call“, keuchte er und setzte sie wieder ab. „She said that the Smiths have given up their plans!“

„What?“, rief Elen begeistert. „That's wonderful! I can't believe it! Oh, I'm so glad, Owen! You can stay here!“

„That's right“, sagte Owen zufrieden. „Obviously their lawyer told them about a week ago that he couldn't do anything for them and that he didn't find any evidence in the archives. That must have been after he had gone to the Moradan archives.“

Elen nickte zustimmend.

Owen fuhr fort: „But first they didn't want to give up. So they tried to do some research by themselves and went to see Mrs. Doyle.“ Er seufzte erleichtert. „You'll also be glad to hear that we're not going to move into a tower block[143] in Swansea.“

Bei der Vorstellung musste Elen lachen. „I can't even imagine you and Nos in a tower block.“

Montagmorgen hatte Owen schulfrei, und er und Elen beschlossen, nach Pembroke zu fahren. Owen war seit der guten Nachricht von gestern blendend gelaunt und hatte sich erboten, ihr die Altstadt und die mächtige Burg zu zeigen.

Nach der Besichtigungstour kaufte Elen einige Postkarten, und sie setzten sich in eine Teestube in der Altstadt. Während Owen Zeitung las, versuchte Elen die Karten zu schreiben, doch sie konnte sich nicht konzentrieren. Stattdessen kaute sie auf ihrem Stift herum und schaute hinaus in die kleine Gasse.

143 tower block: Hochhaus

Sie seufzte mehrfach, bis Owen schließlich die Zeitung sinken ließ und fragte: „Still thinking about the tourist?"

ÜBUNG 40

Setze die Verben in der richtigen Zeit ein.

It's Sunday tomorrow. David, Beth and Owen ____________ (to go) to school.
Owen ____________ (to love) dogs.
Rose ____________ (to arrive) yesterday.
____________ (to wait) long? Yes, I ____________ (to be) here since four o'clock.
John ____________ (to washed) the dishes, and now every plate is clean.
Right now, he ____________ (to prepare dinner).

Elen nickte. „I wonder who he is. If he stole the dagger and if he really comes from the States, he might already be back home. Then it will be impossible to trace him. On the other hand, if he is still here, it might be possible to find him. He probably used the false name everywhere. He must have rented[144] a car, and he must have checked into some hotel or Bed and Breakfast."

„You're right, Elen, but we don't even know which town or city he stayed in."

„You're right." Elen kratzte sich die Nase. „God, I hate this. It makes me crazy thinking that we can't actually do anything. Come on, let's go. I need to buy some stamps."

144 to rent: mieten

Als sie auf das Postamt zugingen, blieb Elen mitten im Schlendern wie angewurzelt stehen. Owen folgte ihrem Blick. „Look, Elen, over there. It's Rose!", rief er.

„Ssht!" Hastig zog Elen ihn hinter eine Bushaltestelle.

„What is it, don't you want her to see us?"

„No, I don't." Elen war ganz aufgeregt.

„But what's the matter?"

ÜBUNG 41

In dem Gitter sind sechs Wörter versteckt. Kreise sie ein. Sie können auch rückwärts geschrieben sein.

M	W	E	E	K	A	I	P	E
I	G	M	B	H	F	V	H	S
R	E	Y	W	A	L	D	O	P
D	I	B	U	R	K	T	N	L
N	G	C	A	U	B	E	E	T
J	L	R	S	T	R	A	C	E
E	A	V	H	L	O	Q	A	O
W	D	S	Z	F	M	R	L	G
R	U	P	M	A	T	S	L	K

„This morning, John said that she'd gone Swansea to visit the library. But she's not visiting the library, and she's not in Swansea either. She's in damn Pembroke going to the post office!"

Owen zuckte mit den Schultern. „Yeah, so what?"

„God, Owen! That proves that she's not honest with John! I don't have the time to argue with[145] you. Sorry, I'm in a hurry. See you later."

145 to argue with s.o.: sich mit jmd. streiten

Bevor Owen auch nur den Mund aufmachen konnte, um zu protestieren, hastete Elen auf den Eingang des Postamtes zu. Owen brachte sie wirklich auf die Palme! Aber sie hatte jetzt Wichtigeres zu tun. Elen schlüpfte in den Schalterraum und drückte sich hinter eine Säule. Dank Roses pinkem Kostüm konnte sie sie sehr gut in der Schlange der Wartenden ausmachen. Rose hatte noch vier Personen vor sich. Während sie wartete, drehte sie den Kopf immer wieder in alle Richtungen, als halte sie nach jemandem Ausschau, und ordnete sich das Haar. Mehrfach musste Elen in letzter Sekunde Deckung suchen, als Roses Blick durch den Raum wanderte.

ÜBUNG 42

Setze die Adjektive in die richtige Steigerungsform.

John is _________ (old) Elen. Actually, of all the people living in Moradan Hall, he's _________ (old).

July is _________ (warm) December. August is the _________ (warm) of all months.

Rabbits are not very _________ (intelligent). Dogs like Nos are _________ (intelligent) rabbits. And of course, Owen thinks his dog is _________ (intelligent) in the whole world!

Elen likes eating _________ (good) doing homework. She thinks, eating and cooking are _________ (good).

Schließlich war es so weit. Rose trat an den Schalter, sprach einige Worte mit der Angestellten und öffnete ihre große Handtasche.

Sie legte ein kleines, längliches Päckchen auf den Schaltertisch.

Elen traute ihren Augen kaum. In ihrem Kopf wirbelten die Gedanken durcheinander. Der Dolch! Rose hatte den Dolch und schickte ihn nach Amerika!

Gefahr im Nebel

„Don't you see?", fragte Elen und warf mit aller Kraft eine Muschel ins Wasser, „Rose stole the dagger and maybe this McAndrews is her accessory. We have to do something about it!" Wütend strich sie sich das Haar aus der Stirn.

Vergeblich hatte Elen versucht, den Angestellten hinter dem Schalter davon zu überzeugen, dass sich Diebesgut in dem Päckchen befand. Bis Elen an seinen Schalter gelangt war, hatte er die amerikanische Dame in dem Kostüm schon fast wieder vergessen, und für Elens Drängen, das Päckchen zu öffnen, hatte er nur ein müdes Lächeln übrig gehabt. Jedenfalls zu Beginn. Weil Elen nicht locker ließ, war er nach einiger Zeit sehr wütend geworden und hatte ihr angedroht, sie eigenhändig vor die Tür des Postamts zu befördern.

Nach einer schweigsamen Rückfahrt aus Pembroke waren sie und Owen zur Küste hinuntergewandert und spazierten nun über ein Stück Sandstrand, das von den allgegenwärtigen Felsen eingerahmt wurde. Die Flut brandete mit aller Kraft heran, und der Himmel hatte sich zugezogen.

„Come on, Elen! I don't get why you mistrust Rose. She's just an old lady from the States. And besides, she's very friendly to all of us. And to you too", rief Owen.

„Owen, can't you see she's just playing around with John's feelings? I'm the only one who can see through it[146]. All these strange incidents[147], with the cell phone during dinner, the fact that she doesn't like Nos, and finally this phonecall I

146 to see through it: etwas durchschauen **147** incident: Ereignis

overheard, when she said she couldn't stand „him" anymore ..."

„Okay, the phonecall was strange, but that's just because you don't know who she was talking about!"

„I know exactly who she was talking about! She was talking about John! And today I saw the proof. She put the dagger in the post! But you, you just don't care, neither about John nor about the dagger, and that's why you don't believe me! I don't know what's wrong with all of you!"

Wutentbrannt drehte Elen sich um und stapfte ohne ein weiteres Wort davon. Sie drehte sich auch nicht um, als Owen ihr hinterherrief. Sollte er doch sehen, wo er blieb! Sie jedenfalls

ÜBUNG 43

Ordne jeweils zwei Sätze zu einem Paar.

1. *I think Rose is strange.*
   I wouldn't be so sure about that, if I were you. You'd be very lucky if that happened.
2. *The weather was better yesterday.*
   Yes, that strikes me, too. I'm sure I closed it.
3. *I know that this year, I will win the lottery.*
   You're absolutely right. He's friendly and clever, too.
4. *Nos is such a great dog.*
   I don't think so. Don't you remember we were walking home in the rain?
5. *That's strange. The gate is open.*
   I don't agree with you. I think she's nice.

würde sich nicht mehr um ihn kümmern. Es tat ihr gut, gegen die Böen anzukämpfen, die ihr brutal entgegenbliesen. Ihr Zorn machte sie unempfindlich gegen Kälte und Wind.

Immer weiter stapfte sie, und langsam tauchten hohe, bucklige Felsen aus dem Nebel auf. Der sandige Untergrund des Strandes endete, und das Gelände stieg nun steinig vor ihr an. Die Möwen schrien in der Brandung. Entschlossen kämpfte sich Elen weiter, und schon bald war sie außer Atem. Ihre Wut galt nicht nur Owen. Sie war wütend auf die ausweglose Situation, darauf, dass niemand ihr glaubte, dass John nicht einsah, was doch so offensichtlich war – dass Rose ihn einfach nur benutzte. Sie fluchte laut.

Nach einer Weile brachte die starke Brise Nieselregen mit sich, und die Welt um sie herum versank endgültig im Dunst. Die Kälte drang ihr trotz der Bewegung langsam in die Knochen. Sie fröstelte. Vielleicht sollte sie umkehren? Owen war sicher bereits lange nach Hause gegangen und machte sich vielleicht Sorgen. Doch als sie sich umdrehte, verschlug es ihr den Atem.

In der Zeit ihrer Wanderung war die Flut schnell und stark angestiegen. Die Bucht, die sie eben noch durchquert hatte, stand jetzt zu einem guten Teil unter Wasser. Der Rückweg war ihr versperrt. Erschrocken stand sie für einen Augenblick da und schaute auf die Brandung. Es war zwar noch ein Stück Sandstrand übrig, aber es wäre viel zu gefährlich, dort entlang zu gehen.

Im Gegensatz zu dem buckligen Gelände, auf dem sie jetzt stand, fielen die Felsen zum Sandstrand steil ab. Wenn das Wasser dort nur ein wenig höher stieg, wäre sie verloren. Jetzt musste sie sich den Rückweg durch das felsige Gelände suchen. Und je weiter sie nach oben kam, desto dichter wurde der Nebel.

Nach kurzem Durchatmen machte sie sich auf den Weg. Es hatte keinen Sinn, darüber noch weiter nachzudenken. Doch je weiter sie kam, desto unruhiger wurde sie. Wenn es nur nicht so neblig gewesen wäre! Das Meer weit unter ihr konnte sie nur noch hören, aber nicht mehr sehen.

Nach einer schier endlosen Kletterei erhaschte sie im Nebel zu ihrer Linken eine dunkle, eckige Silhouette. Ein Haus! Vielleicht wohnte dort jemand und Elen konnte von dort aus nach Moradan Hall telefonieren! Voller Hoffnung stolperte sie darauf zu. Nach wenigen Metern aber blieb sie enttäuscht stehen. Vor ihr ragte die schwarze, schroffe Mauer einer Burgruine auf. Nicht einmal einen Regenschutz würde sie abgeben. Elen wandte sich ab und wollte weitergehen, als sie hinter der Ruine etwas knacken hörte. Nebelfetzen trieben umher, und sie drehte sie einmal um die eigene Achse.

„Hello? Is anyone there?", rief sie zaghaft. Da! Wieder ein Knacken, als trete jemand auf einen Zweig. Elen wurde es langsam unheimlich.

„Hello?" Wieder keine Antwort. Was sollte das? „Who's there?", rief sie. Statt einer Antwort kam das Geräusch nun aus einer anderen Richtung, dicht hinter Elen. Vor Schreck zuckte sie zusammen, und bevor sie weiter darüber nachdenken konnte, lief sie los und hastete weiter über die Felsen. Mehrfach glitt sie auf dem feuchten, moosbewachsenen Stein aus, und einmal stieß sie sich heftig das Schienbein und unterdrückte einen Aufschrei. Schritt für Schritt arbeitete sie sich nach oben. Vor Anstrengung stand ihr der Schweiß auf der Stirn. Doch nach einer schier endlosen Weile wurde der Weg eben, und nach wenigen Metern stand sie plötzlich auf dem glatten, feuchten Asphalt einer Landstraße. Keuchend blieb sie stehen und überlegte. Sie drehte dem Meer jetzt den Rücken zu, also musste sie die Straße ganz einfach nach rechts entlanggehen, um wieder nach Moradan zurückzukommen. Und so weit konnte der Weg nicht sein. Wieder etwas ermutigt machte sie sich auf den Weg. Das Gehen fiel ihr im Vergleich zum mühsamen Weg über die Felsen so leicht, dass sie schon überlegte, zu joggen, aber das Schienbein tat ihr zu weh.

Doch nach einigen Minuten wurde sie wieder unruhig. Die Straße schlängelte sich nicht an der Küste entlang, sondern führte langsam, aber sicher landeinwärts. Und sie war eine recht lange Zeit am Strand entlanggelaufen und wusste nicht, wo sie sich nun befand! Wieder blieb sie stehen und horchte, um festzustellen, wo nun das Meer lag und wie weit sie entfernt war. Doch was sie hörte, war nicht die Brandung, sondern Schritte. Eindeutig menschliche Schritte, die auf der Straße näher kamen.

Panik ergriff sie. Sofort lief sie los und rannte blindlings weiter, egal wohin, nur weg von dieser Person, die sie verfolgte.

Nachdem sie an zwei Kreuzungen in die Richtung abgebogen war, die ihr richtig vorkam, konnte sie nicht mehr weiter. Sie schlug sich seitwärts in die Büsche, die die Straße säumten und lauschte noch einmal. Die Schritte waren nicht mehr zu hören.

Das Haar klebte ihr tropfnass am Kopf, und es war kalt. Ihr Bein schmerzte, aber wenn sie sich jetzt einfach irgendwo hinsetzte, würde ihr noch kälter werden. Sie hörte nichts. Kein Schaf, kein Auto, kein Hundegebell. Nichts außer ihrem eigenen Atem.

„Elen!", rief plötzlich eine Frauenstimme durch den Nebel. Elen blickte sich hastig um. Der Nebel lag wie Watte auf ihren Ohren. Ihr war schwindlig.

„Elen“, rief es wieder, und die Stimme klang so warm und vertrauenerweckend, dass Elen nicht mehr lange überlegte. Sie hatte sich verirrt, und sie musste es darauf ankommen lassen. Wenn ihr die Person nicht wohlgesonnen war, dann würde sie es jetzt herausfinden.

„I'm here!“, schrie sie aus Leibeskräften und sprang aus den Büschen auf die Straße. Dann lief sie in die Richtung, aus der die Stimme kam. „Here!“

Im Nebel zeichnete sich eine kleine Gestalt ab. Elen rannte jetzt. „I'm here!“

Mit jedem Meter, den sie sich der Person näherte, wurde das Bild klarer. Jetzt erkannte sie sie. Klein, in eine leichte Jacke gehüllt, mit einer weiten Hose und Turnschuhen.

„Mared!“ Vor Erleichterung brachte Elen nur einen jammernden Ton heraus und fiel ihrer Retterin in die Arme.

„Everything's okay now, Elen.“ Mared drückte sie an sich. Erleichtert schluchzte Elen auf und ließ den Kopf auf Mareds Schulter sinken. „I thought – I didn't know where I was and the fog got dense[148] and I lost my sense of direction completely. It was awful! And then I had the feeling someone was following me. Maybe it was Rose! “

Da sagte eine andere weibliche Stimme: „Yes, indeed.“ Erschrocken blickte Elen auf und lauschte den langsamen Schritten, die sich jetzt näherten. Eine zweite Gestalt löste sich aus dem Nebel und kam auf sie zu. Fast hätte Elen vor Schreck aufgeschrien, als sie die Person erkannte.

„Rose!“ Fassungslos blickte Elen von einer zur anderen. „But …“

„Calm down[149], Elen“, beschwichtigte Mared sie. „Rose came here to help look for you.“

148 dense: dicht **149** to calm down: sich beruhigen

„But …"

Mared lächelte verschmitzt und nahm ihre Brille ab, um die beschlagenen Gläser abzuwischen. „Well – my house is nearby[150]. I'd suggest we have a cup of tea there, I'll tell you everything you want to know, and then Rose will drive you up to Moradan Hall."

ÜBUNG 44

Verbinde die englischen Wörter mit der richtigen deutschen Bedeutung.

fear	*schwitzen*
to shout	*sich verstecken*
to run	*rufen*
to cry	*die Orientierung verlieren*
to be relieved	*erleichtert sein*
to hide	*Geräusch*
noise	*rennen*
fog	*Angst*
to sweat	*sich verirren*
sceptical	*weinen*
to get lost	*misstrauisch*
to lose your sense of direction	*Nebel*

Knarrend öffnete sich die niedrige Tür des kleinen Steinhäuschens, das Mared bewohnte. Es lag an einer schmalen, gewundenen Seitenstraße, umgeben von satten grünen Hügeln. Mared ließ Elen und Rose den Vortritt. Das Haus war einge-

150 nearby: in der Nähe

schossig, und die Haustür führte direkt in einen großen Wohn- und Essraum. Neben einer Tür in der gegenüberliegenden Wand stand ein großer alter Ofen. Unter dem niedrigen Fenster der Seitenwand war eine kleine Sofaecke mit Kissen und Decken eingerichtet. Es war düster in dem Raum, und Mared knipste eine Stehlampe an, bevor sie sich an dem Ofen zu schaffen machte und einen Wasserkessel aufsetzte.

Elen ließ sich auf dem Sofa nieder, Rose auf einem Sessel in der Nähe. Elen war völlig erschöpft und durchgefroren. Sie griff sich eine dicke Wolldecke, die zwischen den Kissen lag, und wickelte sich hinein. Dann schaute sie zu, wie Mared Tee aus einer großen Blechbüchse in eine Kanne gab und dann Tassen und andere Gegenstände auf ein Tablett stellte. Ab und zu warf sie einen misstrauischen Blick zu Rose hinüber. Langsam wurde ihr wärmer, und sie schloss die Augen.

Sie musste eingeschlafen sein, denn das nächste, was sie hörte, war Mareds Stimme: „Wake up, love. Tea's ready!"

Mühsam setzte Elen sich auf. Mared reichte ihr eine Tasse mit dampfend heißem, schwarzem Tee und setzte sich ebenfalls aufs Sofa.

„I'm sure you want to know how we found you." Vergnügt rührte sie in ihrem Tee und kicherte leise in sich hinein. „As John might have already told you, people in this town regard me as[151] somehow special, you might also say strange. There are mainly two reasons for this. First, I know a lot about the old times, when myths and legends were part of people's everyday lives."

Elen betrachtete Mared eingehend und dachte, dass diese Frau sicherlich das Gerede der Leute anheizte. Sie wirkte so geheimnisvoll, dass man sie in früheren Zeiten vielleicht für eine Hexe gehalten hätte.

151 to regard s.o. as: jmd. für ... halten

Mared fuhr fort: „Second, I have a very good sense of direction. You can imagine that in areas I know very well, this skill[152] is very strong. In Moradan, I know every square inch. So when Rose told me where Owen had lost you and which direction you had been heading in[153], I had a rough[154] idea where you might have gone."

„*Rose* told you?", fragte Elen verwundert. Rose rutschte unruhig auf ihrem Sessel hin und her.

Stattdessen sprach Mared. „Yes, it was Rose who came here to tell me what had happened. As you know, John is a bit constrained[155] with his hip, and since I don't have a phone …"

„I see", sagte Elen und schaute konzentriert in ihre Teetasse.

„I'd suggest you two drive home soon", sagte Mared. „I guess you have a lot to talk about."

ÜBUNG 45

Setze die Wörter an der richtigen Stelle ein! Manchmal musst du sie dafür in die richtige Form bringen.

bad – to know – terrible – to – must – to try – to wonder

I'm sorry you _____ come here yesterday. I don't have a phone.
Elen was very afraid when she realized she had lost her sense of direction. And with the fog it became ______
Elen _____ that she should talk to Rose. Mared _____ already ____ to encourage her.
Owen und Elen _____ what ____ thing happened ___ Nos.

152 skill: Fähigkeit **153** to head in a certain direction: in eine bestimmte Richtung gehen
154 rough: grob, ungefähr **155** constrained: eingeschränkt

Elens Geistesblitz

Die Sonne war schon untergegangen, und mit dem schwindenden Licht wurde es noch einmal deutlich kühler. Elen schnappte sich eine Wolldecke und trat in den Garten hinaus. Im rückwärtigen Teil, in einigen Metern Abstand zum Kirschbaum, saß Owen auf einer Werkzeugkiste vor einem kleinen, prasselnden Feuer. Zu seinen Füßen hatte sich Nos ausgestreckt.

„Hey."

Owen schaute langsam auf. Elen erwartete schon, dass er sie wieder wegschicken würde, aber er krächzte nur: „Hey" und schaute wieder ins Feuer.

„May I sit down?"

Wortlos rückte Owen ein Stück zur Seite, und sie quetschte sich neben ihn auf die Kiste und wickelte sich in die Wolldecke.

„Are you alright?", fragte er leise.

Elen nickte nur. Eine Weile schwiegen sie. Dann hielt Elen es nicht mehr aus. „Owen, I'm sorry about what happened this afternoon. I shouldn't have been so nasty to you. I didn't mean it."

Owen sagte nichts.

„Are you very angry with me?", fragte sie.

Er schüttelte nur den Kopf. „The vet called", sagte er schließlich. „The food was fresh. It's very likely that Nos was poisoned intentionally. She said he may have actually been given strong liquid barbiturate[156]. So he fell asleep immediately."

156 barbiturate: Schlafmittel

„Oh my, that's awful. He could have died." Elen betrachtete den friedlich schlafenden Hund zu ihren Füßen. Nach einer Weile sagte sie: „I've talked to Rose. She had already sensed that I suspected her of being the thief. She would have talked to me soon anyway. You know what was in the parcel?"

Owen schwieg.

Elen lächelte schief. „It was a watch her husband had sent to her. He's the one she was talking about on the phone. Apparently she broke up with[157] him a year ago, but he couldn't accept it. He was still after her, called her, gave her presents. She rejected[158] him, but she was very afraid John might find out and draw the wrong conclusions[159]."

Owen nickte nur.

„Why don't you say anything?"

Langsam wendete er ihr das Gesicht zu, und sie sah erschrocken, dass er geweint hatte. „Elen, I've been so worried", flüsterte er. „First we had this row[160], and then you ran away, and I thought ..." Er stockte. „I should have been the one looking for you. Instead I went home, because I was feeling offended[161]. When you didn't come back I started to feel very stupid. I'm very sorry about this, and I promise never to do anything like that again."

Jetzt schossen Elen die Tränen in die Augen. „I was so pigheaded[162]."

„Yes, you were", sagte Owen. „But I was careless." Er fröstelte.

„Do you want a piece of blanket?", fragte Elen.

Owen nickte. Elen breitete die Decke über ihrer beider Schultern aus. Owen drückte ihre Hand. So saßen sie eine ganze Weile schweigend da.

157 to break up with: Schluss machen **158** to reject: abweisen **159** to draw conclusions: Schlussfolgerungen ziehen **160** row: Streit **161** to feel offended: sich beleidigt fühlen **162** pigheaded: dickköpfig

ÜBUNG 46

Sortiere die Buchstaben richtig und schreibe die entstandenen Wörter auf die Linien.

IHFTE ____________________

MPERIOS ____________________

NAOTFONRE ____________________

QILUID ____________________

PELESA ____________________

KBLNATE ____________________

Am nächsten Morgen fühlte Elen sich wie gerädert. Sie war zwar froh, dass sie sich mit Owen versöhnt hatte, aber die Erschöpfung von gestern und das schlechte Gewissen wegen Rose hingen ihr noch nach. Owen, Beth und David waren zur Schule gefahren, und so saß sie allein in der Küche und nagte an ihrem gebutterten Toast. Komischerweise hatte sie überhaupt keinen Appetit.

Schließlich gab sie es auf und ging wieder in ihr Zimmer. Nachdem sie eine Stunde lang vor sich hingetrödelt hatte, all ihre Sachen ordentlich gefaltet und sich etwa eine Viertelstunde lang die Haare gebürstet hatte, war sie es leid. Es hatte keinen Sinn, es länger hinauszuschieben, sie musste sich bei Rose und auch bei John für ihre Verdächtigungen entschuldigen. Mit bleischweren Knien schlurfte sie die Treppe hinunter und über die Auffahrt zum Museum hinüber.

John und Rose standen im Vorraum und waren kichernd damit beschäftigt, ein Ausstellungsplakat an der Pinnwand zu

ÜBUNG 47

Stelle die richtigen Fragen zu den Antworten.

____

Yes, Elen regrets that she mistrusted Rose.

____

Yes, she had breakfast on her own.

____

No, she didn't talk to John last night.

____

Yes, she is going to go to the museum.

____

Maybe she and Rose will become friends.

befestigen. Offenbar konnten sie sich nicht einigen, wo es genau hängen sollte, und waren in ein Scheingefecht verwickelt.

Elen räusperte sich. Als sich die beiden umdrehten, erstarrte sie. Was war denn mit Johns Gesicht passiert?

„Hi, Elen", sagte der. „What's wrong? Has the cat got your tongue[163]?"

Rose lachte leise. „Maybe Elen doesn't like your new face."

Elen schüttelte geistesabwesend den Kopf.

„Ah, that", sagte John. „Rose told me she's not too fond of[164] beards, so I shaved mine off last night. Don't you like it?"

„Oh, I do", sagte Elen und betrachtete John. Sein glattrasiertes Gesicht sah so anders aus. Jünger. Er war John, und dann auch wieder nicht. „It's just, I don't know …" Gedankenverloren spielte sie mit dem Reißverschluss ihrer Jacke und musterte ihn.

163 has the cat got your tongue? Hat es dir die Sprache verschlagen? **164** to be fond of: mögen

Irgendetwas war … In diesem Moment war es, als werde ein dicker, schwarzer Vorhang von einer Kristallkugel weggezogen, und sie schrie auf. „I know!“ rief sie und riss die Augen auf. „I know! I've got it now! That's it! Oh, Rose, thanks so much!“ Mit einem Riesensatz hechtete sie auf Rose zu und drückte ihr einen Kuss auf die Wange. Rose sah verwirrt aus.

„The beard! Now I remember! Owen and me, we were looking at the photo of Mr. Fisher, the lawyer. I had the feeling I'd seen him before, but the feeling was somehow vague. Now I know – I'd seen him without a beard. And with a baseball cap and jeans instead of suit and tie.“

„You mean …“, sagte John langsam.

„Exactly“, nickte Elen stolz. „I'm quite sure now.“

ÜBUNG 48

Mache Adverbien aus den Adjektiven.

exact ________________

angry ________________

actual ________________

hard ________________

wonderful ________________

good ________________

suspicious ________________

adorable ________________

„Would you mind telling me what's going on?“, fragte Rose.

„The American tourist did indeed steal the dagger. But we don't have to worry that he might be already back home in the States!", sagte Elen. „Actually, he's very close. Now I understand why I thought he was American while John said he didn't. The reason is that he *tried* to sound like an American. Of course John could identify this better, because you're American, Rose, and he often hears you talking."

Rose lächelte. „You mean, the tourist and the lawyer are one and the same person?"

„That's right. Fisher found the legend about the dagger and the ruby in the archives and decided to steal the dagger. He poisoned Nos so he could enter the museum without anyone waking up. At least that's what he thought. He stole the dagger and escaped. After that, he shaved off his beard and acted the tourist. He assumed that we'd consider him to be the culprit[165]. And probably he hoped that we'd give up hope of catching him soon, because we'd think that he already returned to the States. And he was right. We did." Elen rang nach Luft. „But maybe we can find a bait he might rise to[166]."

Elen war sich nicht ganz so sicher, wie sie vielleicht wirkte. Fisher musste sehr enttäuscht gewesen sein, als er den Rubin nicht wie angenommen im Inneren des Dolchhefts gefunden hatte. Wenn sie nun vorgaben, der Rubin sei hier auf Moradan Hall aufgetaucht – ob er wohl widerstehen konnte? Er musste doch das Gefühl haben, als sei ihm die Beute direkt vor der Nase weggeschnappt worden! Vielleicht war es einen Versuch wert …

John wählte die Nummer der Anwaltskanzlei, schaltete den Lautsprecher des Telefons ein und räusperte sich.

165 culprit: Täter **166** to rise to the bait: anbeißen (am Köder)

ÜBUNG 49

Ergänze die richtigen Präpositionen zu den Verben.

to look forward ______ *– sich freuen auf*
to give ______ *– aufgeben*
to shave ______ *– abrasieren*
to break ______ ______ *– Schluss machen mit*
to talk ______ *– sprechen mit*
to run ______ ______ *– weglaufen vor*

„Horseman, Walsh, Fisher, can I help you?"

„Hello, I'd like to talk to Mr. Fisher, please."

„Hold on[167], Sir, I'll try to get him." Die blechern scheppernde Musik einer Warteschleife erklang, dann meldete sich eine Männerstimme. „Thomas Fisher, how can I help you?"

„Hello, this is John Matthews from the Moradan Hall Museum", sagte John.

Es gab eine kurze Pause, bevor Mr. Fisher antwortete. „Good afternoon, Mr. Matthews. What can I do for you?"

„Oh, actually I was just calling to say how grateful[168] we are for the fact that you're not taking legal action against the owner of Moradan Hall. You know, if it wasn't for you, I might have lost my job, and that would have been such a pity. Especially now that we have a new, even better attraction", plapperte John vertrauensselig und zwinkerte Elen und Rose dabei zu.

Mr. Fisher hustete und räusperte sich. „No reason to thank me, really. Actually it's the Smiths who took the action. I was just

167 to hold on: warten **168** grateful: dankbar

acting on their behalf[169]. But what kind of attraction is that you're talking about?"

„Oh, it's really funny. The legend claimed there was a ruby hidden inside King Arthur's Dagger. The dagger was stolen from our museum last week, as you might have heard."

„Well, yes, erm, I think I read something about it in the newspaper."

„In fact, the ruby was found by archeologists working on our grounds. Unlike the dagger, the ruby is obviously of value. So we're very happy that we can display it in the museum now. Of course, it would be much nicer to have the items together, but now the dagger has disappeared, at least we have some kind of substitute[170]." Elen lauschte fasziniert. „And it looks very beautiful in the showcase."

Mr. Fisher hustete. „Well, I hope that you'll take precautions[171] so the ruby won't be stolen as well."

John lachte einfältig. „Yes, we've ordered an alarm system. It's going to be installed tomorrow afternoon. Then the museum will be safe at last!"

„Oh, I'm very glad to hear that." Die beiden Männer lachten angespannt.

Nachdem John aufgelegt hatte, fragte Rose skeptisch: „Don't you think this was a bit too obvious?"

John kicherte. „Well, we don't know yet, but we'll know tomorrow. I have a feeling that this culprit feels a bit too confident[172] in many ways. He might think that I'm only a very stupid old man."

Jetzt musste Elen auch lachen. „He might think that alright[173]. You're a very good actor, John!"

169 on s.o.'s behalf: im jmds. Auftrag **170** substitute: Ersatz **171** precautions: Vorkehrungen **172** confident: sicher, selbstbewusst **173** alright: hier: wirklich

ÜBUNG 50

Ersetze die fehlenden Buchstaben in den Lücken.

A_TOR
B_ _UT_FUL
CU_P_IT
SU_ _TI_U_E
*L_OK_*
*BE_AL_*

Elens Magen knurrte laut.

„Ssht!“, machte John ärgerlich.

„Sorry“, flüsterte Elen in die Dunkelheit, und Rose kicherte. Zu dritt saßen sie im ersten Stock des Museums, auf den Knien ein Fischernetz. Der Raum wurde nur vom schwachen Mondlicht erhellt. David und Owen befanden sich unten im Erdgeschoss.

„Are you really sure he believed your story?“, fragte Elen leise.

„Don't worry“, flüsterte John zurück. „I'm quite positive[174] about that. And if he doesn't, we'll only miss a good night's sleep.“

Im Herrenhaus stand Beth am Fenster auf Posten. Sobald Mr. Fisher zu sehen war, würde sie Davids Handy einmal klingeln lassen. Insofern mussten die fünf im Museum noch gar nicht in Alarmbereitschaft sein. Trotzdem sprachen sie wenig und

174 to be positive about: von etw. überzeugt sein

lauschten angespannt in die Stille. Nos hatten sie in einen rückwärtigen Raum des Herrenhauses gesperrt, damit er den Einbrecher nicht schon an der Pforte vertrieb.

Plötzlich plärrte Davids Handy von unten die Teletubbies-Melodie, und Elen prustete los, bevor ihr klar wurde, was das hieß: Fisher hatte tatsächlich angebissen und war auf dem Weg zum Museum!

Schnell brachten sich alle in Position: David und Owen im Erdgeschoss hinter der Tür zum Vorraum, Elen, Rose und John direkt oben am Treppengeländer, das Fischernetz wurfbereit.

ÜBUNG 51

Füge die Adverbien an der richtigen Stelle ein.

already – always – never – sometimes – often – yet – now

_______ Elen gets up early on Saturdays.
Owen has _______ done his homework.
He's cycling down to the beach _______.
He comes here _______.
He hasn't had lunch _______ That could _______ happen to Elen!
She's _______ hungry.

Das angespannte, atemlose Warten kam Elen wie eine halbe Ewigkeit vor. Plötzlich tanzte ein Lichtschein im Fenster. Sie erschrak und stieß John in die Rippen. Der Lichtkegel erlosch. Ein schwarzer Schatten erschien stattdessen vor der Scheibe. Elen erschauderte. Kurze Zeit später hörte sie ein laut knarzendes Geräusch, als die Gestalt das Fenster aushebelte. Der ganze Vorgang dauerte vielleicht zehn Sekunden. Mit offenem Mund sah sie zu, wie sich der Einbrecher fast lautlos durch die Fensteröffnung schwang.

Nun befand sich der Mann im dunklen Ausstellungsraum. Elen wagte kaum zu atmen. Wenn der Einbrecher nur einmal nach oben schaute, würde er sie sofort entdecken. Elen betete, dass er nicht bewaffnet war. Was, wenn er Owen oder David entdeckte, bevor sie ihn überwältigen konnten?

Im Mondlicht war die Gestalt nur schemenhaft zu erkennen. Die Person schien sich auszukennen, denn sie steuerte direkt auf die Vitrine zu. Dann knipste sie die Taschenlampe an. Im gleichen Moment drückte Owen auf den Lichtschalter, und der ganze Raum erstrahlte in hellem Licht. Der Einbrecher war ganz in Schwarz gekleidet, inklusive Maske. Er sah aus wie ein Ninja, aber so geschickt war er nicht. Er schaute sich verwirrt um, und blitzschnell ließen John und Elen auf Roses Kommando das Netz fallen. Der Mann verhedderte sich darin, und Owen und David stürzten sich auf ihn. Die Gruppe ging zu Boden.

Es gab ein kleines Handgemenge, doch schon bald hatten David und Owen den Mann überwältigt. Elen und Rose eilten die Treppe hinunter, John folgte ihnen.

Der liegende und strampelnde Mann zog sich keuchend die Maske vom Kopf.

„Good evening, Mr. Fisher", sagte Owen und grinste boshaft. In diesem Moment drang ein unheimliches Grollen von der Tür herüber.

„Hey, Beth. Is that one of the hounds from the otherworld?", rief Elen. Thomas Fishers Augen weiteten sich, als Beth mit Nos an der Leine hineinkam. Der Labrador knurrte laut und fletschte die Zähne.

„I think he recognizes the man who kindly gave him poisoned meat", sagte Owen, und seine Stimme klang fast so grollend wie Nos'.

„Take him away from me!", quiekte Fisher, als Beth immer näher kam. Sie blieb stehen und sagte: „Well, Mr. Fisher, I won't let the dog bite you, but you're not going to escape the police. I've already called them. They'll be here any minute."

ÜBUNG 52

Bringe die Satzteile in die richtige Reihenfolge und bilde einen korrekten Satz aus ihnen.

to come / Nos / into the museum / Beth /

____

to throw / at Mr. Fisher / a fishernet / Elen

____

angry / to Mr. Fisher / to talk / Owen.

____

John, Rose and Elen / to happen / for something / to wait.

____

One hour ago / in the Manor House / to wait / Beth / for the burglar.

____

Eine Stunde später waren die Formalitäten erledigt. Die Polizei hatte Fisher mit aufs Revier genommen, und für die ausführlichen Zeugenaussagen würden alle morgen noch einmal nach

Pembroke fahren. Jetzt standen sie in der Küche und tranken Tee. Nos schlief friedlich in der Ecke. Er hatte Fisher bis zum Eintreffen der Polizei in Schach gehalten und war jetzt ganz erschöpft.

„What I don't get", sagte Owen und rührte in seiner Tasse, „is why Fisher didn't know that the professor in Cardiff had already checked the dagger."

„He simply didn't get the information", sagte John. „He read the chronicles and was stupid enough to believe that he was the only one who got the idea that the legend of the ruby hidden in the dagger might be true. And I have to add[175] that the results of the professor's examination weren't published[176], since[177] there were no results, actually. The only information that was made public was that the dagger was almost worthless."

„How could he be so arrogant as to think that he got the idea first?"

„In fact many people from the bigger cities consider us townspeople a bit dumb[178].

„I see. They're wrong." Owen grinste und trank einen Schluck. „And what was that about the tourist, Elen? Why didn't you recognize[179] him straight away[180] when you looked at Fisher's photo on the internet?"

„Well, first I thought it was only because of the beard. When I saw him tonight I realized his eyes looked different, too. I'm not sure, but he might have had blue eyes as Mr. McAndrews."

„Maybe he used coloured contact lenses. In the States this is quite common. It can change your looks completely", warf Rose ein.

Elen nickte. „I thought so. Anyway, if it wasn't for Rose, I'd have never got the idea that these two men might be one and the same." Die beiden lächelten sich an.

175 to add: hinzufügen **176** published: veröffentlicht **177** since: hier: da, weil **178** dumb: dumm **179** to recognize: wiedererkennen **180** straight away: direkt, sofort

ÜBUNG 53

Beantworte die Fragen. Verwende dafür die Wörter in den Klammern.

What did Owen think about Rose in the beginning?

____

(liked/thought/nice old lady)

How did Elen get the idea that Mr. Fisher could be the burglar?

____

(saw/beard/realized/Fisher/tourist/look alike)

Did the tourist mention why he came to the museum?

____

(yes/said/come/dagger)

How did John lure Mr. Fisher into the trap?

____

(told/ruby/found)

When did the police catch him?

____

(not/Elen and the others)

David und Beth wechselten einen erstaunten Blick. „Yes, you heard right. Rose and me have made up[181], and I've apologised for mistrusting her", sagte Elen. Sie setzte sich auf den Küchenboden zu Nos und kraulte seinen Nacken. „It must have been

181 to make up: hier: sich versöhnen

Fisher who poisoned Nos in the night he stole the dagger. Otherwise we would have been woken up by Nos' barking." Sie schwiegen eine Weile. Plötzlich schaute Elen Owen scharf an. „Actually Owen, you woke up! How come?[182]"

Owen schaute verlegen zur Seite und rührte hektisch in seinem Tee. Alle schauten ihn an.

„What was it, Owen?", fragte Beth streng und stemmte die Hände in die Hüften. „Elen is right. This is really strange. Why were you up in the middle of the night? You'd better tell us, or ..."

„Alright." Owen stellte seine Tasse ab. Alle schwiegen gespannt.

„I was ... I set[183] my alarm clock. I planned to go to Elen's room and scare her to death. Pretending[184] I was a ghost. There you have it." Er schaute beschämt zu Boden.

Elen hielt den Blick starr auf Nos' Fell gerichtet. Niemand sagte etwas.

„I'm sorry, Elen. I know it was stupid. Come on, please forgive me, won't you?"

Elen hätte Owen gern noch ein wenig schmoren lassen, aber sie musste lachen. Grinsend hob sie den Kopf, und als Owen ihr Gesicht sah, fiel ihm offensichtlich ein Stein vom Herzen.

„Owen, you're so stupid. Did you really think I was still afraid of ghosts?", fragte Elen und schüttelte langsam den Kopf.

„Well, you'd better be thankful that he was such a noodle[185]", sagte John zufrieden. „Otherwise he wouldn't have found Nos early enough."

„That's right, John", sagte Owen und musste lachen. Er hob seine Teetasse. „To all the noodles!"

182 how come?: wie kommts? **183** to set: hier: stellen **184** to pretend: vorgeben
185 noodle: Dummkopf

„Yeah! To all the noodles!" Alle prosteten sich zu und tranken.

Elen stellte ihre Tasse als Erste ab. „By the way, talking of noodles: Any leftovers[186] from dinner?"

186 leftovers: Reste

Abschlussquiz

Zum Abschluss findest du einige Fragen zum Inhalt des Krimis. Beantworte sie in einigen Sätzen. Im Lösungsschlüssel gibt es einige Hinweise auf die richtige Lösung.

1. What do you think: Why do Elen and Owen get along much better this summer than two years ago?
2. Apart from Rose's behaviour with the phone and so on, does Elen have a special reason for disliking Rose?
3. Where does Mr. Fisher find the hint that the ruby might be hidden in the dagger?
4. What are the reasons for people saying that Mared is a bit strange? Do you think she's strange?
5. The Smiths don't want to give up when Mr. Fisher tells them there is no proof of them being related to James ap Gwyn. Why?
6. Do you think that Mr. Fisher is a bit stupid? Why?

Grammatik

Zeitformen

In diesem Buch sind dir die Zeitformen **simple past** und **present perfect** begegnet.

Simple Past

- Wichtig ist, dass du dir die nur leicht unregelmäßigen Vergangenheitsformen des Verbs *be* merkst.

- Das simple past wird bei regelmäßigen Verben mit der Endung *-ed* oder *-d* gebildet (wenn das Verb selbst schon mit *e* endet).

    Beispiele findest du in Übung 6:
    to help → helped
    to follow → followed
    to love → loved

- Darüber hinaus gibt es sehr viele unregelmäßige Verbformen, die du auswendig lernen musst. Die Verben *go* und *have* sind die wichtigsten unregelmäßigen Verben.

    Beispiele findest du in Übung 12:
    to have → had
    to do → did
    to be → was/were
    (Achtung: Dies ist das einzige Verb, das zwei verschiedene Formen aufweist: I was, he/she/it was, aber: you were, we were, they were)

	be	have	do	come	ask
I	was	had	did	came	asked
you	were	had	did	came	asked
he / she / it	was	had	did	came	asked
we	were	had	did	came	asked
you	were	had	did	came	asked
they	were	had	did	came	asked

In der Tabelle siehst du, dass nur das Verb *be* verschiedene Formen für die Personen *I* und *he / she / it* hat. Alle anderen Verben im simple past sind bei allen Personen gleich.

Present Perfect

Für das present perfect benötigst du die Gegenwartsform von *have* (Ausnahme ist *he / she / it: has*) und das past participle.

- Erinnere dich an die Gegenwartsform von *have*. Bis auf *he / she / it has*, kannst du immer have verwenden.
- Das past participle wird bei regelmäßigen Verben mit der Endung *-ed* oder *-d* gebildet

  Beispiele findest du in Übung 26:
  to examine → examined
  to talk → talked
  to phone → phoned

- Nur bei unregelmäßigen Verben gibt es Sonderformen des past participle. Die drei wichtigsten sind:

  to have → had
  to do → done
  to be → been

	be	have	do	come	ask
I	been	had	done	come	asked
you	been	had	done	come	asked
he / she / it	been	had	done	come	asked
we	been	had	done	come	asked
you	been	had	done	come	asked
they	been	had	done	come	asked

Simple Past oder Present Perfect?

Für Handlungen oder Zustände, die in der Vergangenheit stattgefunden haben und abgeschlossen sind, benutzt man das simple past, auch *past tense* genannt.

Last year Elen went to Moradan.
She really had a good time.

Bei Handlungen oder Zuständen, die in der Vergangenheit begonnen haben und in der Gegenwart andauern, also noch nicht zu Ende sind, benutzt man das present perfect.

John has never been in Boston.
But he has decided to go there.

Es gibt typische Hinweise dafür, ob du das simple past oder das present perfect benutzen musst:

Bestimmte Zeitangaben zeigen, dass das Ereignis in der Vergangenheit stattgefunden hat und abgeschlossen ist:
z.B. *5 years ago Elen went to England the first time.*
And then Elen and I saw the police car's headlights.
The girl was born in 1995.
Last year archaeologists found a dagger.

Andere zeitliche Angaben weisen hingegen darauf hin, dass das Ereignis auch für die Gegenwart wichtig ist:
z.B. *I've never seen as many dolphins as this year.*
The Smiths have been trying to climb the social ladder for years. (Sie versuchen es seit Jahren und es dauert noch an.)
Elen has always been hungry. (Elen war immer schon hungrig.)

Past Perfect

Das past perfect zeigt an, dass eine Handlung zu einem Zeitpunkt in der Vergangenheit bereits abgeschlossen war.
The police came to the museum after someone ***had stolen*** *the dagger.*
Fisher didn't know that the professor in Cardiff ***had*** *already* ***checked*** *the dagger.*

In diesen Beispielsätzen kannst du anhand der Wörter *after* und *already* erkennen, dass ein Ereignis, das im past perfect steht, vor dem Ereignis stattgefunden hat, das im simple past steht.
Oft fehlt jedoch ein solches Zeitwort, das die Reihenfolge der Ereignisse anzeigt. Dann musst du die Reihenfolge aus dem Zusammenhang heraus erkennen.
Elen felt bad for Owen. He ***had wanted*** *to stay in Moradan.*

Häufig wird das past perfect auch in der indirekten Rede verwendet. Ein Verb, das in der direkten Rede im simple past steht, wird in der indirekten Rede in das past perfect verschoben.
John: "I just returned from my holidays." → John told me that he had just returned from his holidays.

Present Progressive und Past Progressive
Die Progressive-Formen werden verwendet, um anzuzeigen, dass eine Handlung in der Vergangenheit eine bestimmte Zeit angedauert hat.

Die Progressive-Formen werden aus einer Form von *be* und der -ing-Form gebildet.

simple past: was/were + ing-Form
Elen **was wearing** a pullover when she opened the door.
They **were waiting** for the police.

present perfect: have/has been + ing-Form
They **have been searching** Elen all afternoon.
She **has been waiting** for Owen since five p.m.

Bei der Bildung der Verlaufsform musst du beachten, dass sich einige Verben ändern:
Bei Verben, die mit einem stummen *e* enden, fällt das e am Ende weg:
believe → believing
Bei Verben, die mit -ie enden, wird die Endung ie zu y:
Weitere Beispiele findest du in Übung 31 .

Will-Future

Das will-future ist die häufigste Art im Englischen, Ereignisse der Zukunft zu beschreiben.
Das will-future wird aus dem Hilfsverb *will* und dem Infinitiv (Grundform) eines anderen Verbs gebildet. Es bleibt bei allen Personen im Singular und Plural unverändert.
Es wird in den folgenden Fällen verwendet:

1. Wenn kein Einfluss auf etwas Kommendes oder dessen Ausgang genommen werden kann oder etwas nicht geplant wird, sondern sich einfach ereignet.
*The forecast says it **will rain** tomorrow.*
*Owen **will be** an old man in fifty years.*

2. Wenn ganz spontan eine Idee genannt oder ein Vorschlag gemacht wird. Meist handelt es sich um mündliche Rede und dann wird die Kurzform von will: 'll verwendet.
We'll let you know.

3. In Nebensätzen folgt das will-future auf ein Verb, das eine Hoffnung oder Befürchtung ausdrückt.
*I hope Nos **will be** fine.*
Weitere Beispiele findest du in Übung 17.

Fragen

Einfache Fragen

Durch das Vertauschen von Verb und Subjekt kannst du einfache Fragen bilden:
Elen is on holiday. Is Elen on holiday?

Das funktioniert bei folgenden Verb-Arten:
Modalverben, wie z.B. *can, may, must, need, should,*
***Can you** call me?*
Hilfsverben, die zur Bildung von Zeiten benötigt werden, wie z.B. *will, were*

Will *Elen wait for Owen?*
und mit den Verben *be* und *have.*
Are *you sure?*
Vollverben wie z.B. *stay, go, drive* musst du mit dem Verb *do* umschreiben.
Do you *usually* ***stay*** *at home when it rains?*

Fragen mit Fragepronomen
Besonders wichtig sind die Fragepronomen *who, whom, whose, what, which, when, where, why* und *how*, die im Satz meistens an erster Stelle stehen.

1. Die Fragepronomen *who, whom* und *whose* (wer? wen? wem? wessen?) fragen nach Personen.
who – wenn du wissen möchtest, wer etwas tut
Who burgled the museum?
whom – wenn du wissen möchtest, wen etwas betrifft
Whom did the stranger ask for the dagger?

2. Das Fragepronomen *what* (was?) verwendest du, wenn du nach Gegenständen oder Vorgängen fragst.
What happened to the dagger?

3. Das Fragepronomen *which* (wer? was? welcher? welche? welches?) kann bei Personen und Gegenständen angewendet werden.
Frage nach dem Subjekt des Satzes:
Which is Owen's room?
Which of the dishes is most delightful?

Frage nach dem Objekt des Satzes:
Which of the places does Elen like best?

In Verbindungen mit Präpositionen:
To which house does the garden belong? (förmlich)
Which house does the garden belong to? (weniger förmlich)

About which garden is she talking? (förmlich)
Which garden is she talking about? (weniger förmlich)

4. Mit den Fragepronomen *when, where, why* und *how* (wann? wo? wohin? warum? wie?) fragst du nach ganz bestimmten Umständen, nach der Zeit, dem Ort, dem Grund oder der Art und Weise:
When does the police arrive?
Where was Nos found?
Why is John worried?
How could the dagger been stolen?

Sehr häufig wird *how* in Verbindung mit einem anderen Wort verwendet:
How many times has Elen been to Wales before?
How large is the garden?
How big is Elen's room?
How far is it to Moradan?
How often has Elen been to the archive of Moradan?
How long is the museum open?

Vergleiche und Steigerungsformen

Die meisten Adjektive haben drei Formen: die Grundform, die Steigerungsstufe (Komparativ/comparative) und die Höchststufe (Superlativ/superlative).
Bei der regelmäßigen Steigerung wird der comparative durch das Anhängen von *-er* an das Adjektiv und der superlative durch das Anhängen von *-est* an die Grundform gebildet.
Diese Art der Steigerung betrifft die meisten Adjektive mit nur einer Silbe.
small – small**er** – small**est**
und zahlreiche zweisilbige Adjektive, die auf *-er, -le, -ow* und *-y* enden.

narrow – narrower – narrowest
early – earlier – earliest

In anderen Fällen wird der Komparativ durch das Word *more* und der Superlativ durch das Word *most* gebildet:
Adjektive mit drei oder mehr Silben und zweisilbige Adjektive, die nicht auf *-er, -le, -ow* und *-y* enden, werden mit *more* und *most* gesteigert.

difficult – more difficult – most difficult
active – more active – most active

Einige Adjektive werden jedoch unregelmäßig gesteigert. Besonders häufig verwendete Adjektive sind:
good – better – best
bad – worse – worst
far – farther/further – farthest/furthest
little (klein) – smaller – smallest
little (wenig) – less – least
much (viel) – more – most
many (viele) – more – most

Vergleiche
Im Vergleichssatz wird ein gesteigertes Adjektiv mit dem Bindewort *than* verbunden.
*Mared is **older than** Elen.*
*Elen is **more active than** Mared.*

Der Superlativ wird häufig zusammen mit dem Artikel *the* verwendet:
John is the oldest.

Wenn man betonen möchte, dass zwei Dinge oder Personen in Bezug auf eine Eigenschaft gleich sind, wird das Wort *as* vor und nach das Adjektiv gesetzt.
*Mared is **as kind as** Rose.*

Weitere Beispiele findest du in den Übungen 17 und 42.

Lösungsschlüssel

Übung 1:

late – early; spät – früh;
long – short; kurz – lang
to remember – to forget; erinnern – vergessen
sister – brother; Schwester – Bruder
bag – luggage; Tasche – Gepäck

Übung 2:

Does Elen like the Welsh coast? Yes, she does.
Did Owen come by bike? No, he didn't.
Is Owen Elen's cousin? No, he isn't.
Was Elen hungry when Owen came to the station? Yes, she was.
Will Owen and Elen have to stay in Pembroke for the night? No, they won't.

Übung 3:

„Hell's bells[187], I can't believe it! Who's that young lady over there?"

Elen strahlte. „John! How are you?" John führte seit Jahren das Museum, und Elen hatte ihn bei ihrem letzten Besuch vor zwei Jahren in ihr Herz geschlossen. Langsam kam der alte Mann auf sie zu. Er ging schon ein wenig gebeugt, und sein schlohweißes Haar fiel ihm in einer dicken Tolle in die Stirn. „I'm very fine and happy to see you, my dear!" Er schloss Elen herzlich in die Arme, dann ließ er sie los und zwinkerte freundlich mit den hellblauen Augen. „I hope you enjoyed your trip. By the way, I've prepared a delicious dinner. I assume[188] you haven't eaten yet?" Elen musste lachen. John erriet einfach immer ihre Gedanken! „That's right, John, I'm starving. But I have to see Daddy and Beth first."

„No need to hurry, dear, David and Beth are at the lawyer's, and they asked me to cook dinner for you, and Owen, of course."

young fine lucky great happy dull short delicious late right

Übung 4:

I got married yesterday. „Did you? Congratulations!"

Here's the magazine you asked for. I bought it in town. „Thanks, dear."

Yesterday we were almost melting in the heat. Today the weather is much nicer. „Yes, and thank God for that!"

I wrote a bad exam last week. „Oh, dear! I'm sorry to hear that."

Here, try the stew I cooked this morning. „Mm, yummy!"

187 hell's bells!: Teufel nochmal! **188** to assume: annehmen, vermuten

Übung 5:

Nos isn't human, so he can't talk.
When Elen was in Wales two years ago, she didn't get along with Owen very well.
She couldn't stand him then.
Tomorrow afternoon, Owen will return from school.
David and Beth couldn't come to the train station this afternoon.
Owen hasn't seen Elen for a while.

Übung 6:

to help, helped – helfen
to follow, followed – folgen
to thank, thanked – danken
to come, came – kommen
to love, loved – lieben
to read, read – lesen
to ask, asked – fragen

Übung 7:

It's not even worth anything.
You know that it's only legendary.
Could you give me a guided tour?
I haven't eaten yet.
You sit down while I prepare my breakfast.

Übung 8:

bird, dolphin, ~~sugar~~, beach, ~~lake~~, breeze, seagull, ~~snow~~, whale, sea

Übung 9:

A	F	T	E	R		
	O		(V)			B
	(O)		E			I
	D	I	N	N	E	R
			I			D
			N			
	(D)	A	G	G	(E)	R

Lösungswort: DOVE

Übung 10:

unfortunately – leider; silly – albern; hate – hassen;
stupid – dumm; bored – gelangweilt; worthless – wertlos

Übung 11:
How are you doing?
I'm fine, thank you.
Excuse me please, I have to go!
Oh, I'm sorry to hear that.
See you later!

„Sorry" ist kein Verb.

Übung 12:
They had dinner in the kitchen on the first floor.
During mealtimes, Elen didn't talk much.
Nos was lying beside the stove.
Rose got angry, because Elen wanted to take the mobile phone.
Owen didn't notice what was going on.

Übung 13:
pork pie, dagger, to switch off, unfortunately, to introduce, museum, kitchen, everybody

Übung 14:

Do the Smiths think that Beth should have the manor house?

Yes, they think so.

✗ No, they don't think so.

They don't care.

Can the Smiths prove that they should own the manor house?

Yes, they can.

✗ No, they can't. But their lawyer is searching for evidence.

No, they can't. Their lawyer hasn't found any proof.

Is Beth worried?

✗ Yes, Beth is very worried.

No, Beth is not worried, since there is no proof.

No, she's not worried, because usually people keep rumours to themselves.

Are the Smiths rich?

No, they aren't. They hate rich people.

✗ No, they aren't, but they've been trying to climb the social ladder for years.

Yes, they are. They own several manor houses.

Übung 15:

follow, followed – to follow
gone, went – to go
flew, fly – to fly
written, wrote – to write
wanted, want – to want

Übung 16:

Elen has asked John to listen to her.
Rose was talking on the phone when Elen came to the museum.
Elen didn't ask Rose who she was talking to.
Owen thinks she can entice John from Rose.
Maybe they will go to the archives later.
Elen can't wait to get there.

Übung 17:

If Elen goes to the archives, maybe she will find out what the lawyer is up to.
The forecast says it will rain tomorrow.
Probably Elen is going to tell Owen that Rose was talking strangely on the phone.
Rose is going to visit her cousin in Swansea this afternoon.
I'm sure it will be nice to spend the day with you!
If the Smiths are right, Beth will lose Moradan Hall.

Übung 18:

John speaks Welsh. He's from Wales.
Elen speaks German. She's from Germany.
Pierre speaks French. He's from France.
Ana speaks Spanish. She's from Spain.
Nadja speaks Russian. She's from Russia.
Xiao Li speaks Chinese. She's from China.
Sven speaks Norwegian. He's from Norway.
Famke speaks Dutch. She's from the Netherlands.

Übung 19:

headlights – Scheinwerfer
childhood – Kindheit
platform – Bahnsteig
teapot – Teekanne
girlfriend – Freundin
stepsister – Stiefschwester

Übung 20:

How long did Mr. Fisher stay? Mr. Fisher stayed for half an hour.
Did you go to school yesterday? Yes, I went to school yesterday.
Is he going to visit the archives tomorrow? Yes, he's going to visit the archives tomorrow.
Does Elen like Rose? No, Elen doesn't like Rose.
Who is good friends with Mared? John is good friends with Mared.
When will David be back? David will be back tonight.

Übung 21:

warm – warmer – warmest
helpful – more helpful – most helpful
hard – harder – hardest
delicious – more delicious – most delicious

Übung 22:

Owen must go downstairs slowly.
Elen must be careful.
If they don't want to be heard, they mustn't make a noise.
She doesn't have to call the police, because Owen has already done that.
They don't have to take their binoculars with them, because it's dark anyway.
She mustn't risk her life.

Übung 23:

I was so angry.
I was so helpless.
I was so curious.
I was so lucky.
I was so sad.

Übung 24:

„And then Elen and I saw the police car's headlights approaching, so we thought we should stay where we were."
„Well done. I'll have two patrol cars searching the grounds. Maybe they will find your burglar. Has anything been stolen?"
„We don't know", sagte Elen. „We haven't been in there yet."

Übung 25:

	N	O	B	O	D	Y			H
H	I		A		O				E
	G		R		G	A	T	E	
	H		K		H		E		B
A	T	E			O		L		U
R			U	S	U	A	L	L	Y
T	E	A			S			I	
			O	W	E	N		S	
	Y			A				T	
	O			L			G	E	T
B	U	R	G	L	A	R		N	

Übung 26:

The vet has examined the dog.
She hasn't made an analysis of the food yet.
Owen and Elen have been very worried.
Owen has called the police.
The police haven't talked to John yet.

Übung 27:

Have the police been looking for the burglar? Yes, the police have been looking for the burglar.

Did they find the burglar? No, they didn't find the burglar.

Can Elen prove that Rose took the dagger? No, Elen can't prove that Rose took the dagger.

Does David agree with Elen? No, David doesn't agree with Elen.

Do they have to take Nos to hospital? No, they don't have to take Nos to hospital.

Is Elen going to tell John about her suspicion? No, Elen isn't going to tell John about her suspicion.

Übung 28:

05.10 a.m. The birds start singing.
08.30 p.m. Now that it's dark, the temperature sinks.
08.30 a.m. I have breakfast with Owen.
11.00 a.m. I sit on the bench and talk to John.
01.30 p.m. Wow, lunch was really delicious!
02.00 a.m. I wake up and notice that something is wrong.

Übung 29:

Elen
- ✗ girl
- boy
- ✗ young
- shy
- ✗ intelligent
- ✗ curious
- dark-haired

John
- young
- ✗ man
- fair-haired
- ✗ old
- ✗ friendly
- afraid of dogs
- always hungry

David
- ✗ man
- ✗ Elen's father
- woman
- lawyer
- red-haired
- ✗ teacher
- Beth's father

Rose
- ✗ old
- Welsh
- Owen's girlfriend
- ✗ afraid of dogs
- ✗ grey-haired
- rude
- ✗ American

Übung 30:

G I N A I N P T painting, paintings
I F L E life, lives (oder file, files)
W D I O W N window, windows
N W A M O woman, women
H D L I C child, children
G D O dog, dogs
B C E H A beach, beaches

Übung 31:

Owen and Elen were looking out of the window for a long time.
Owen was phoning the police when Elen came back.
They waited while the police was talking to David.
They talked to each other while the vet was examining Nos.
Elen was eating a sandwich when Owen asked her about her plans.

Übung 32:

old lady	woollen skirt
small girl	cloudy sky
loud noise	green car

Übung 33:

E	C	N	I	V	N	O	C	E
B	L	K	R	K	U	T	H	O
T	E	S	T	I	M	O	N	Y
D	T	Z	E	Q	J	W	E	T
E	S	W	A	D	I	E	L	E
I	C	M	C	G	O	L	O	G
F	H	T	H	E	F	T	R	R
H	N	S	E	D	G	I	P	O
E	L	T	R	M	V	P	U	F

convince
testimony
towel
forget
teacher
theft

Übung 34:

Nos ate meat.
Will we meet in the garden tomorrow?
Are you reading a letter?
David is a teacher.
Greetings from Wales!
That was a long week.
Rose fears dogs.

Übung 35:

Elen thinks she has seen the lawyer before, but she doesn't know where or when.
Owen offers Elen a pack of biscuits, because he knows that she likes sweet things.
They still don't know what the Smiths are up to, although they really tried to find out.
Elen switches on the computer while she's eating.
Elen tries to be nice to Rose, because John loves her.

Übung 36:

John made a cup of tea for Mared.
David didn't teach Elen any Welsh.
Beth and Elen bought food in the supermarket.
The burglar broke into the museum.
Elen saw him.
Owen didn't think it was Rose.

Übung 37:

big news – **important information**
to chat – **to talk**
lady – woman
to give s.o. the creeps – **to frighten s.o.**
man – fellow
child – kid

Übung 38:

good, better, best
strange, stranger, strangest
smart, smarter, smartest

Übung 39:

Elen is in Beth's room when Owen finds her.
No, he scares Elen.
He offers her a packet of biscuits.
Yes, she is searching for Martin McAndrews in the Yellow Pages.
No, she doesn't find him.
She thinks it's totally made up.

Übung 40:

It's Sunday tomorrow. David, Beth and Owen won't go to school.
Owen loves dogs.
Rose arrived yesterday.
Have you been waiting long? Yes, I've been here since four o'clock.
John has washed the dishes, and now every plate is clean.
Right now, he's preparing dinner.

Übung 41:

M	W	E	E	K	A	I	P	E
I	G	M	B	H	F	V	H	S
R	E	Y	W	A	L	D	O	P
D	I	B	U	R	K	T	N	L
N	G	C	A	U	B	E	E	T
J	L	R	S	T	R	A	C	E
E	A	V	H	L	O	Q	A	O
W	D	S	Z	F	M	R	L	G
R	U	P	M	A	T	S	L	K

Übung 42:

John is <u>older</u> than Elen. Actually, of all the people living in Moradan Hall, he's the <u>oldest</u>.

July is <u>warmer</u> than December. August is the <u>warmest</u> of all months.

Rabbits are not very <u>intelligent</u>. Dogs like Nos are <u>more intelligent</u> than rabbits. And of course, Owen thinks his dog is the <u>most intelligent</u> in the whole world!

Elen likes eating <u>better</u> than doing homework. She thinks, eating and cooking are <u>best</u>.

Übung 43:

1. I think Rose is strange.
   I don't agree with you. I think she's nice.

2. I know that this year, I will win the lottery.
   I wouldn't be so sure about that, if I were you. You'd be very lucky if that happened.

3. The weather was better yesterday.
   I don't think so. Don't you remember we were walking home in the rain?

4. That's strange. The gate is open.
   Yes, that strikes me, too. I'm sure I closed it.

5. Nos is such a great dog.
   You're absolutely right. He's friendly and clever, too.

Übung 44:

fear – Angst
to shout – rufen
to run – rennen
to cry – weinen
to be relieved – erleichtert sein
to hide – sich verstecken
noise – Geräusch
fog – Nebel
to sweat – schwitzen
sceptical – misstrauisch
to get lost – sich verirren
to lose your sense of direction – die Orientierung verlieren

Übung 45:

I'm sorry you had to come here yesterday. I don't have a phone.
Elen was very afraid when she realized she had lost her sense of direction. And with the fog it became worse.
Elen knows that she should talk to Rose. Mared has already tried to encourage her.
Owen und Elen wonder what terrible thing happened to Nos.

Übung 46:

thief
promise
afternoon
liquid
asleep
blanket

Übung 47:

Does Elen regret that she mistrusted Rose?
Yes, Elen regrets that she mistrusted Rose.
Did she have breakfast on her own?
Yes, she had breakfast on her own.
Did she talk to John last night?
No, she didn't talk to John last night.
Is she going to go to the museum?
Yes, she is going to go to the museum.
Will she and Rose become friends?
Maybe she and Rose will become friends.

Übung 48:

exact – exactly
angry – angrily
actual – actually
hard – hard (Achtung! „hardly" ist ein anderes Wort und bedeutet „kaum": I'm so tired. I can hardly stay awake)
wonderful – wonderfully
good – well
suspicious – suspiciously
adorable – adorably

Übung 49:

to look forward to – sich freuen auf
to give up – aufgeben
to shave off – abrasieren
to break up with – Schluss machen mit
to talk to – sprechen mit
to run away from – weglaufen vor

Übung 50:
ACTOR
BEAUTIFUL
CULPRIT
SUBSTITUTE
LOOKS
BEHALF

Übung 51
Sometimes Elen gets up early on Saturdays.
Owen has already done his homework.
He's cycling down to the beach now.
He comes here often.
He hasn't had lunch yet. That could never happen to Elen!
She's always hungry.

Übung 52
Beth and Nos come into the museum.
Elen throws a fishernet at Mr. Fisher.
Owen talks angrily to Mr. Fisher.
John, Rose and Elen wait for something to happen.
Beth waited for the burglar in the Manor House one hour ago.

Übung 53:

What did Owen think about Rose in the beginning?
He liked her. He thought she was a nice old lady.

How did Elen geht the idea that Mr. Fisher could be the burglar?
She saw John's beard and realized that Mr. Fisher and the tourist looked alike.

Did the tourist mention why he came to the museum?
Yes, he did. He said he came for the dagger.

How did John lure Mr. Fisher into the trap?
He told him that they had found the ruby.

Lösungen zum Abschlussquiz

Hier findest du einige Hinweise auf mögliche Antworten. Manchmal sind aber natürlich auch mehrere Antworten möglich.

1. What do you think: Why do Elen and Owen get along much better this summer than two years ago?
   Maybe it was harder for them to get along two years ago, because then Elen was still a child with very different hobbies and interests. This year they have much more in common. Furthermore, the incidents at Moradan Hall distract them from their quarrels, and they have to work together.
2. Apart from Rose's behaviour with the phone and so on, does Elen have a special reason for disliking Rose?
   Yes, she does. She worries about the fact that, with a girlfriend, John won't have as much time for her as last year. She's actually afraid she'll lose her friend's attention.
3. Where does Mr. Fisher find the hint that the ruby might be hidden in the dagger?
   He found that hint in the archives in a document about the legends connected with Moradan Hall.
4. What are the reasons for people saying that Mared is a bit strange? Do you think she's strange?
   Mared is an old lady who is very clever and very educated. Probably she spends much time on her own, because she works and lives alone. She has a very good sense of direction which might give the impression she has got magic skills.

5. The Smiths don't want to give up when Mr. Fisher tells them there is no proof of them being related to James ap Gwyn. Why?
   Beth says that the Smiths have been trying to climb the social ladder before. Maybe they don't want to give up their hope that their dream will come true.
6. Do you think that Mr. Fisher is a bit stupid? Why?
   Somehow he might be a bit stupid, because he thought he was the first man to check the dagger for the ruby. He knew the information about the legend was given in the archives, but he assumend nobody would have checked if it was true anyway.